姿勢を直すだけで

全身が「上がる」プリエボディエクササイズ

第8回ミセス日本グランプリ
城山珂奈見
Kanami Shiroyama

監修
伊藤彰浩
Akihiro ito
理学療法士

YUSABUL

バレエの動きが美しい姿勢を作る

はじめまして。バレリーナのような身体を作るボディメイク講師の城山珂奈見です。私が専業主婦からボディメイクの教室を始めたのは約5年ほど前です。これまでにのべ2000名ほどの方がレッスンを受けられています。

最初は、産後のママにヨガを教えたり、バレエやチアダンスも教えていました。いろいろなジャンルのレッスンをしていく中で改めて感じたのは、バレエの独特な動きは、女性の美しい身体・姿勢を作っていくのに非常に適しているということです。

スッと一本の軸が通っているかのような姿勢。

華奢に見えて、強靭でしなやかな身体。

プロのバレリーナを見るとき、その佇まいに、誰しも時が止まったかのようにハッと見とれてしまいます。

このエクササイズで、3回転が回れるようにはなりません。

足が１８０度上がるようにもなりません。

でも、多くの女性が憧れるバレリーナのような身体に近づくことができます。

そしてもう１つ。このエクササイズは、「バレエとは縁がない」と思っていた人のためのエクササイズです。

バレエのレッスンに勇気を出して行ってみたけれど、なるべく隅っこの方で人の後ろに隠れるようにして、レッスンが終わったら、もう二度と行かなくなってしまう……。

そんな体験をしていた方が、堂々と、楽しく、やりがいを感じながら、汗を流し、そしてとびきりきれいになっていく！

本書でご紹介するのは、そんな素晴らしいエクササイズです。

このエクササイズでひとりでも多くの方の美しさを引き出していけたら、うれしく思います。

Plié body fitness ディレクター
第８回ミセス日本グランプリ　城山珂奈見

姿勢を直すだけで全身が「上がる」プリエボディエクササイズ　目次

Contents

第3章　10分で姿勢が改善するプリエボディ基礎エクササイズ……69

Contents

第5章 プリエボディを作るための5つの生活習慣 ……119

第6章 ワンランク上の背中とお腹を作るプリエボディ応用エクササイズ ……131

Contents

プリエボディエクササイズと私

私の生活にとって
切り離せないバレエですが、
コンプレックスに悩み
辞めようと思ったこともありました。

だけどやったぶんだけ、
エクササイズは必ず応えてくれる。
だからやっぱり、好きなんです

結果が見えるのは、
とても楽しいことです。

AUMNIE

続けられた、という事実が、
私の自信になっている気がするのです。
エクササイズで鍛えた身体の軸がしっかりと、
大丈夫、と感じさせてくれるのかもしれません。

どんな時でも、揺らぐことなく
私を支えてくれるから、
（大丈夫、大丈夫）と思えます。

女性らしさを失わず、
優雅な気持ちで行える
プリエボディエクササイズを、
あなたも体験してみませんか

序章

身も心も軽やかに美しくなる「プリエボディ」とは？

バレリーナのような しなやかな身体を目指して

ふわっとジャンプした瞬間、重力からも、ストレスからも解放され、自分で自分を縛っているしがらみからも解き放たれて、どこまでも自由になれる――

3歳のころからバレエを続けてきた私は、身体を動かすことで、身体がしなやかに整い、自分自身にスッと立ち戻る快い感覚が、とてもよくわかります。

この感覚を身に付けると、常に凛として自分がブレなくなります。

身体の内側が整うと、姿勢がよくなり、それに伴って身体の不調も改善され、ボディラインも美しくなるので、自分に自信が持てるようになります。

「プリエボディ」は、まさに身体の内側から整えることで、美と健康を同時に手に入れることができるメソッドなのです。

「バレエは、プリエに始まり、プリエに終わる」といわれるように、「プリエ」

とはバレエの最もベーシックなポーズのことです。

バレリーナのように細くしなやかで、滑らかな動きを生み出す美しい身体――それがプリエボディの理想です。

美しさとは、均整の取れたボディラインはもちろん、バランスのいい姿勢や、しなやかな動きによって生まれるものです。

プリエボディを実践すれば、身体が引き締まるだけでなく、美しい姿勢と、優雅な動きを自然に身に付けることができます。

プリエボディは、バレエの動きを最新の運動理論に基づきトレーニングに応用したオリジナルのエクササイズです。週に何度か行うだけで、身体も心も軽くなり、みずみずしいエネルギーが湧いてきます。

子育て中のママから、シニアの方まで、誰でもムリなく続けられるプログラムになっているので、ぜひ気軽にチャレンジしてみてください。

整えられた身体は決して自分を裏切らない

「身体のあちこちが凝っているなあ……」

「ダイエットしているのに、なんで体重が減らないのかなあ……」

「なんだか身体が重くて毎日辛いなあ……」


もし身体の調子がぱっとしないとしたら、それは知らず知らずのうちに、自分の身体に負担をかけている証拠です。

忙しさにかまけた運動不足、体重ばかり気にする偏ったダイエット、その反動で起こるリバウンド、見せかけの筋肉を作るだけの不健康な筋トレ……。

そんなライフスタイルが、体調を乱す原因になっているかもしれません。

かつて、私も、進学、就職、結婚、出産、子育て——人生の節目で、何度も身体の不調に悩まされました。

今はプリエボディを実践しているおかげで、心身ともに快調ですが、体調がよくなかったときは、精神的にも余裕がなくなって、本当に辛かったです。

3歳のときから始めたバレエでは、世界的なプリンシパルを多数輩出しているジュニアバレエ団で学んだことで、小学生ながらも本格的なバレエの世界に目覚め、プロを目指す子たちと共に切磋琢磨してきました。

一緒に練習した仲間には、新国立劇場バレエ団のファースト・ソリストとして活躍中のYさんなど、今は国内外で活躍しているバレリーナがたくさんいました。

バレエのレッスンをすることで、身体が引き上げられ、身体が軽くなることを知っていた私は、その感覚も、バレエも大好きだったので、受験勉強が大変な高校時代もバレエを続けることが苦ではありませんでした。

けれど、東京の大学に進学するのに伴って、名古屋のバレエ団を退団した私は、ひとり暮らしを始めて生活が一変しました。

今までのようにバレエのレッスンをすることもなく、しかも慣れない自炊生活で、妙に甘いものや油っこいものを食べたりしているうちに、身体がなまって体型がゆるんできたのです。

「このままではいけない！」

自分の身体のどこかから、そんな声が聞こえました。

そこで、横浜にあるバレエスクールで、私は再びバレエのレッスンを始めることにしました。

半年以上もブランクがあったので、身体はかなり固くなっていましたが、次第に身体感覚がよみがえってきました。

「ああ、これだ！　重力から解放されるこの感覚だ！」

私は踊りながら、自分の身体が自分の原点に立ち戻るのを実感しました。

そんなある日、ディレクターの先生に呼び出されていわれました。

「かなみさん、『白鳥の湖』のブラックスワンをやってみない？」

思わぬ大抜擢に、心がときめきました！

映画の『ブラックスワン』でも描かれていましたが、準主役のブラックスワンは、バレリーナなら誰しも喉から手が出るほど憧れる役です。

私は生まれて初めていただいたブラックスワンの役に全身全霊で打ち込みました。

整えられた身体は、自分を決して裏切らない――ブラックスワンを演じながら、私はそのことを胸の奥で深く噛みしめていました。

仕事も恋もうまくいかなかったどん底時代

大学時代は、バレエだけでなく、チアリーディングにもチャレンジしました。

バレエとチアリーディングは、一見ジャンルが異なりますが、身体の動かし方には、共通するところがたくさんあるのです。

先輩に誘われて、チアリーディングサークルに入った私は、そこでもチームのみんなと全力でがんばりました。

そのかいあって、2005年に『USA Nationals』の一般チアリーディング部門で3位に入賞するという快挙を成し遂げました。

その後、プロ野球チームのチアリーディングチームに入って、プロのチアリーダーとしても活動しました。

この経験を生かして、「JCDAチアダンスインストラクター」の資格も取得しました。

バレエとチアリーディングに打ち込んだ、充実した大学生活でしたが、卒業後に人生最大のどん底生活が待っていました。

「自分自身に力をつけたい！」と、新卒で入社した会社は、ベンチャー系のIT企業で、私は新規事業立ち上げチームの営業に配属されたのですが、たった3人の営業メンバーは、私を含めて全員新人。

みんなが自律的に働くのが当たり前の環境では、誰も何も教えてくれず、右も左もわからないまま、テレアポと飛び込み営業を千本ノックのように続ける地獄

の日々が始まったのです。

夕方、外回りからヘトヘトになって帰社し、資料や報告をまとめていると、いつの間にか深夜0時をとっくに回っている……。慌ててシャワーを浴びに帰宅し、わずかばかりの仮眠を取ったら、もう朝礼の時間が迫っている……。そんなギリギリの生活が来る日も来る日も続きました。

当時は、家に帰っても仕事のことで頭がいっぱいで、仮眠中の夢にまで仕事用のエクセルファイルの表が出てくるほどでした。

そこまでがんばっても、営業職として全然結果を出せない自分が不甲斐なく、「私は価値がない人間なのではないか……」とまで思い詰めるようになりました。

なんとかしなければ……と、土日も毎週のように出社してがんばった結果、やっとのことで商品を売ることができたときは、涙が出るほどうれしかったです。

でも、ほっとしたのもつかの間、売ったWEBサービスにバグがあったことからお客さまが激怒し、私は八方ふさがりの状態に陥ってしまいました。

そのころは、出社する道すがら、あまりの辛さに涙が頬を伝ってあふれてきて、慌てて家に駆け戻ったことも何度かありました。

心だけでなく、身体もぼろぼろでした。毎日、深夜にコンビニの総菜で空腹を満たし、睡眠不足と過労が延々続く不健康きわまりない生活の中で、身体のあちこちが悲鳴をあげていました。

今までのように運動する余裕もなく、7号サイズだった洋服はどれも窮屈になって、すべて買い替えなければなりませんでした。

体調が悪いと、精神的にも余裕がなくなり、当時お付き合いしていた恋人も離れていってしまいました。

私は20代半ばで、仕事も恋愛も最悪のどん底生活に陥ってしまったのです。

そんな私を救ってくれたのが、学生時代に打ち込んでいたチアリーディングでした。

やさぐれていた私を見かねて、当時の先輩が社会人チアリーディングチームの練習に誘ってくれたのです。

時間的にも身体的にも余裕がなかったのですが、ふと、「またチアをやってみようかな……」と思い、練習に参加してみました。

久しぶりに思いっ切り身体を動かしていい汗を流した後、体育館の床に大の字で寝転びながら、私は不思議な安心感に包まれていました。

「自分は何をやってもうまくいかないと落ち込んでいたけれど、身体はこうして動かせば動かしただけ、ちゃんと応えてくれる――」

これをきっかけに、私は社会人チームで再びチアリーディングの練習を始め、ステージに出演したり、大会に出場したりするようになりました。

それによって気持ちもリフレッシュし、体調もよくなっていきました。

「身体を動かすことで、身体と心が整っていく」という自分の原点を、このとき改めて実感しました。

結婚、出産を経て再び気付いた自分の原点

結婚して間もなく妊娠した私は、専業主婦になりました。

無事に長男を出産し、家族みんな大喜びでしたが、産後は肩こりやひどい頭痛、

冷え性に悩まされることが多くなってきました。

それでも、私は大切な我が子は母乳で育てるのが1番いいと思い込み、どんなに母乳の出が悪くても、母乳にこだわりました。

母乳マッサージの方に指導していただき、母乳を出すためなら、白米でもおもちでもパクパク食べ、自分の体型や美容など二の次でした。

赤ちゃんがおっぱいを欲しがって、1～2時間おきに泣くのは当たり前。ときに15分おきに泣く赤ちゃんを抱きながら、出ないおっぱいを必死にあげていました。

本来、母乳は母親が元気な状態でないとなかなか出にくいので、出ないときはあきらめて市販のミルクをあげて、赤ちゃんと一緒に寝てしまえばよかったのです。

でも、当時はどうしてもそれができず、私は常に疲れた状態でした。

寝ても覚めてもとにかくおっぱいのことで頭がいっぱいで、実家でふと自分の名前を呼ばれたとき、母も夫もいる前でおっぱいを丸出しにしたまま、「何？」と平気でくるっと振り向いた瞬間、「ああっ、私はもう女として終わっている……」と、すごく悲しい気持ちになりました。

そんな〝母乳ノイローゼ〟の私でしたが、長男の授乳が終わるや否や、再び妊娠し、そのまま2歳違いの次男を出産し、さらに2年後に三男を出産しました。

嵐のような子育てがひと段落ついたあるとき、ふと思いました。

「私、このままずっと社会と隔絶した生活を続けるのかしら……？」

大学時代の女友だちの多くはまだ独身だったので、男性顔負けにバリバリ仕事をしていています。彼女たちを横目に、ヒリヒリするような焦燥感に襲われたのです。

「子どもが大きくなってから」

子育て中のときはよくそう言いがちですが、子どもが大きくなってから何か始めるのではなく、今何かしたい。でも、自分には一体何ができるのだろう？

――そう考えたとき、「身体を動かすことで、身体を整える」という、自分の原点を再び思い出したのです。

産後には、女性特有のさまざまな心身の悩みが出てきます。

ちのはなし
NATURA
かがくあそび
わにわにのおふろ
バルンくん
だれかしら
機関車トーマス

同じような悩みを抱えた人たちが前向きに美しく歩んでいけるようにという想いから、レッスン教室を始めるようになりました。

「身体を動かすことで、身体を整える」という自らの原点に立ち帰り、そこから一歩前に踏み出してみたら、私の目の前に広がる世界がみるみる変わっていきました。

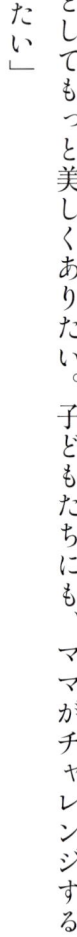

プリエボディで「ミセス日本グランプリ」を2年連続受賞

「女性としてもっと美しくありたい。子どもたちにも、ママがチャレンジする姿を見せたい」

そんな思いから、2015年に『ミセス日本グランプリ』にエントリーし、約1200名の応募者の中から、30代の部でグランプリを受賞しました。

『ミセス日本グランプリ』は体型の美しさや若々しさだけでなく、仕草や内面の美しさなども審査対象になりますが、プリエボディのプログラムを実践していると、ボディラインだけでない、姿勢や動きも含めたトータルな美しさが養えるので、受賞はそれを証明する、いいきっかけになったと自負しています。

翌2016年には、プリエボディの集中プログラムを受けていたスクール生の山崎明子さんも、ミセス日本グランプリの30代部門でグランプリに輝きました。

「ママ、かわいい!!」

山崎さんはお嬢さんにそう絶賛されたそうです。お子さんにとっても、ママがいつまでも若々しく美しいのはうれしいことですよね。

女性はいくつになっても、美しくありたいですし、美しさをキープすることで、自信がつき、いろいろなことにチャレンジできるようになります。

プリエボディの体験者の中にも、年齢を超えた美しさを手に入れることで、今までできなかったことにチャレンジしている方がたくさんいらっしゃいます。

身体も、心も、生き方も、自らチャレンジして、作りあげていくものです。

この本をきっかけに、ひとりでも多くの女性が、今よりも一段と美しく輝けることを願っています。

column

レッスン生の Before After

K さん・36 歳・1 ヶ月の体型変化

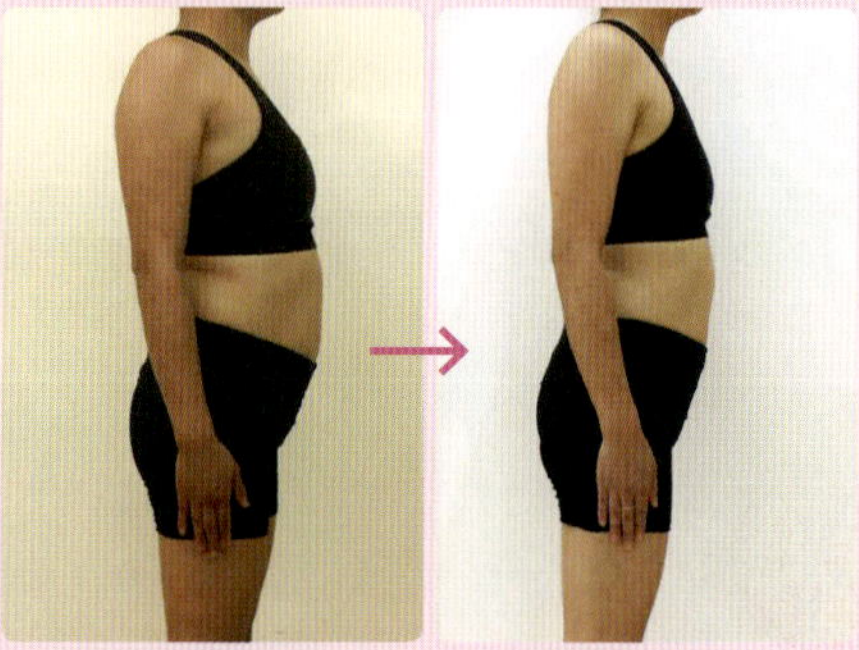

	開始時	一ヶ月後
身長	154 cm	
体重	55.8kg	**51.9** kg
体脂肪率	33.9%	**30.2**%
体内年齢	43 才	**38** 才
ウエスト	86 cm	**73.5** cm
ヒップ	94.5 cm	**89** cm

ウエスト
マイナス 13.5cm!

ぽっこりお腹が見違えるように細くなり、入らなかったお気に入りのスカートも入るように！　腕も細くなってノースリーブを着る機会が増えたそう。反り腰だった姿勢も改善し、腰痛も解消。しっかり踏み出しながら歩幅も広く歩けるようになりました。

第1章

35歳を過ぎてから
どんどん愛される「プリエボディ」

従来のエクササイズとは異なる「プリエボディ」

「ジムの筋トレはきついし、行くのが面倒」

「ムリなダイエットは辛いだけで、リバウンドしてしまう」

「結局続かないから、何も変わらない」

「合わないエクササイズで、身体を傷めてしまった……」


世の中にはたくさんのダイエット法やエクササイズがありますが、そんなマイナスのイメージをお持ちの方も多いのではないでしょうか？

「プリエボディ」は、過激な食事制限によって短期間に急激に痩せるダイエットでもなければ、歯を食いしばってハードに鍛える筋トレでもありません。

きつい・続かない・効果がないという今までのボディメイクのイメージとは異

なり、ムリなく続けられて、高い効果が得られるエクササイズ方法です。

プリエボディのメソッドが従来のエクササイズと異なるポイントは次の3点です。

1 姿勢を改善しながら、より効率的にボディラインを整える

お腹がたるんだり、背中にお肉がつきやすくなったり、お尻が下がってくる――といったボディラインの崩れは、ムダなぜい肉がついたというだけでなく、「姿勢の崩れ」が原因になっていることがよくあります。

たとえば、お腹がプヨプヨしている人は、単なる運動不足や脂肪過多というより、猫背が原因でたるんでいるのかもしれません。

それなのに、毎日何十回も腹筋をがんばってみたところで、効果は期待できません。

お腹のたるみの元凶となっている猫背を正すトレーニングをしなければ、根本的な改善は望めないのです。

プリエボディでは、エクササイズによって身体を鍛えると同時に、姿勢が改善されていくので、それに伴ってお腹のたるみがなくなり、背中も締まり、お尻の位置も上がるという、うれしい変化が連鎖的に起こってきます。

プリエボディのメソッドでは、猫背や反り腰、骨盤のゆがみなどによってタイプを分け、自分の体型タイプに合わせたプログラムによって、効率よくトレーニングができるので、普段の生活の中に自然に取り入れることができます。

2 バレリーナのようにしなやかな動きが身に付く

プリエボディはバレエのしなやかな動きをベースにしています。

そのため、バレエ経験のない人でも姿勢が整い、バレリーナのようにしゅっと引き締まった美しいボディラインになれるだけでなく、優雅で滑らかな動きを身に付けることができます。

また、姿勢が整うと、呼吸が深くなって、精神的に安定するだけでなく、腰痛や肩こりなどのトラブルも改善します。

プリエボディの「プリエ」とは、バレエの一番基本の動きです。

エクササイズの中でこの動きを身に付けると、下半身だけでなく全身に作用するので、バレエで使う筋肉を自然に養うことができます。

もちろんバレエそのものとは違うので、バレエの難しい踊りをマスターする必要はありません。

プリエボディは、あくまでも初心者がバレリーナのしなやかな身体になるためのエッセンスを凝縮したエクササイズなのです。

3 マシンや特別な道具・ウエアは一切不要

プリエボディには、マシンや重いダンベル、特別な道具やウエアは一切必要ありません。そのため、強すぎるトレーニングによるケガの心配もなく、初めてトレーニングを行う方でも、安全かつ簡単にトレーニングを始められます。

また、マシンを使わないので、ムキムキした筋肉が不必要についてしまう恐れもありません。

自分の身ひとつあれば、好きな格好で、自宅でもオフィスでも旅先でも、思い立ったらすぐにできます。

朝昼晩問わず、お気に入りの音楽を聴きながら、仕事の合間に休憩しながら、子どもと遊びながら、テレビを見ながら、料理を作りながら、お散歩しながら、就寝前や寝起きにベッドでくつろぎながら……どんな瞬間もプリエボディのトレーニングに有効活用できます。

たとえ5分、10分であっても、毎日トレーニングを続けるだけで、身体が徐々に変わってきます。大切なのは、毎日できる範囲で持続することです。

短期間だけ集中的にトレーニングをして急激に引き締めても、それを持続できなければ、いっときの自己満足で終わってしまいますから。

プリエボディのプログラムなら、毎日ムリなく持続できるので、今までいろいろなエクササイズやダイエットにトライしては失敗していた人も、簡単に挫折することなく続けられるはずです。

「筋肉を作る運動」と「筋肉を使う運動」が同時に実現！

プリエボディでは、ファンクショナルトレーニングの手法を取り入れて、1つのトレーニングに、複合的な動きが組み合わされたプログラムにしています。

どこか1箇所の筋肉だけを集中して鍛えるのではなく、複数の筋肉を鍛え、ストレッチし、可動域を広げていくことで、身体全体の動きが滑らかになります。

それによって、部分的に筋肉がムキムキした身体ではなく、バランスの整ったボディラインになります。

また、「無酸素運動」と「有酸素運動」を組み合わせることで、効率よく脂肪を燃焼できます。

なぜ脂肪を燃焼するのに、無酸素運動と有酸素運動の両方が必要なのか、そのメカニズムをご説明します。

脂肪を燃焼させるためには、まず「基礎代謝」を上げる必要があります。

基礎代謝とは、呼吸をしたり、食事をしたり、眠ったり、生命活動を維持するために必要なエネルギーのことです。

一般の成人女性は1日に約1200キロカロリー、成人男性は約1500キロカロリーのエネルギー量が基礎代謝に必要といわれています。

女性より男性のほうが基礎代謝が高いのは、男性のほうが筋肉量が多いからです。

同じ女性でも、筋肉量が少ない人より、筋肉が多い人のほうが基礎代謝が高くなるので、基礎代謝を上げるには、今よりも筋肉量を増やす必要があります。

ただし、筋肉を増やす運動をするだけでは、ムキムキボディになってしまいます。

増えた筋肉を使う運動も行うことで、ムキムキにならずに脂肪を燃焼できます。

筋肉を増やすためには、無酸素運動が必要です。

無酸素運動は、短距離走や筋力トレーニングのように、短時間に大きな力を出す運動のことで、筋肉を動かすときに糖質をエネルギー源にします。

一方、筋肉を使って脂肪を燃焼させるには、有酸素運動が必要です。有酸素運動は、ジョギングやウォーキングのように、軽度から中程度の負荷をかける運動で、酸素を使って脂肪と糖質を燃焼させ、エネルギーを生み出します。

以前は20分以上有酸素運動をしないと脂肪が燃焼しないというのが定説でしたが、最新のデータでは、短時間の有酸素運動でも脂肪が燃焼することがわかっています。

プリエボディでは、無酸素運動と有酸素運動、つまり「筋肉を増やす運動」と「筋肉を使う運動」の両方が組み込まれたエクササイズを行うことによって、脂肪をより効率よく燃焼できるようになっているのです。

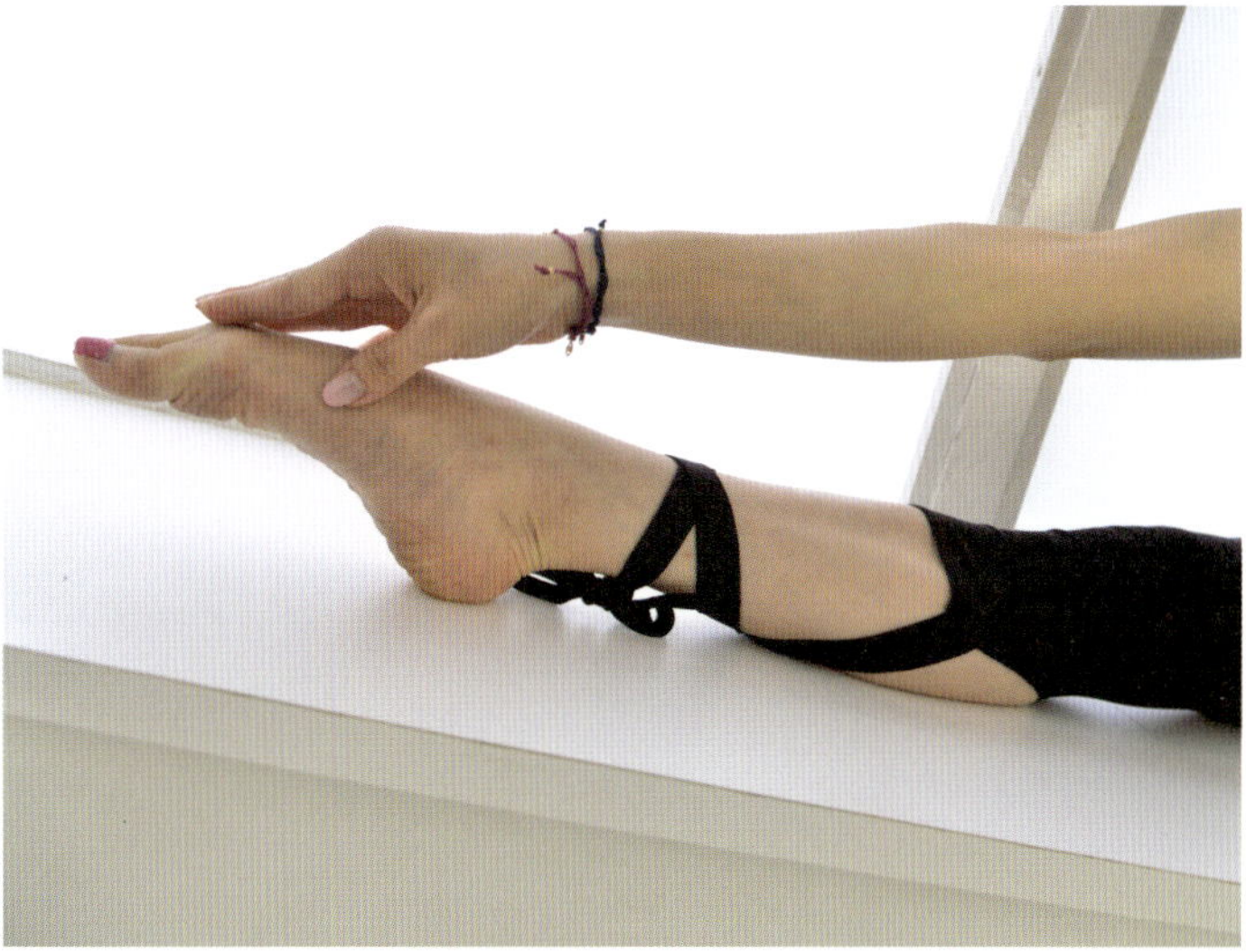

プリエボディで「トータルな美しさ」を目指そう

「ウエストをもっとキュッとくびれさせたい！」
「足をもっとほっそりさせたい！」
「二重あごを解消して小顔になりたい！」

どんな人でも、自分の身体の気になるところはいろいろあると思います。

でも、単にウエストだけが細くなったり、足だけが細くなったり、小顔になったからといって、その人が美しく見えるかというと、そうではありません。

いくら身体が細くても、姿勢がよくない人や、歩き方のぎこちない人も、きれいには見えません。

そもそも、多くの女性が「痩せたい」と望むのはなぜでしょう？

きっと「きれいになりたいから」ですよね。

しかし、「痩せる＝きれいになる」というのは、大きな誤りです。

美しさとは、体重が何キロに減ったとか、ウエストが何センチ細くなったという数値で決まるものではありません。


ハードなダイエットをして何とか念願の体重になっても、ストレスや栄養不足で肌荒れしたり、ホルモンバランスを崩したりすると、美しくは見えません。

「最近やつれた？　大丈夫？」

などと、周囲からはむしろ心配されてしまうかもしれません。

きれいに見える人は、単に痩せているわけではなく、全身の均整が取れており、背筋もすっと伸びていて、歩き方や立ち振る舞いもしなやかで優雅です。

プリエボディは、ただ痩せて体重を落とすことだけを目標にはしていません。

ボディライン、姿勢、動きのトータルな美しさを身に付けることを最終目標にしています。それらがすべてそろったとき、初めて「あの人は美しいな」と多くの人が感じるのです。

column

レッスン生の Before After

Iさん・41歳・2ヶ月の体型変化

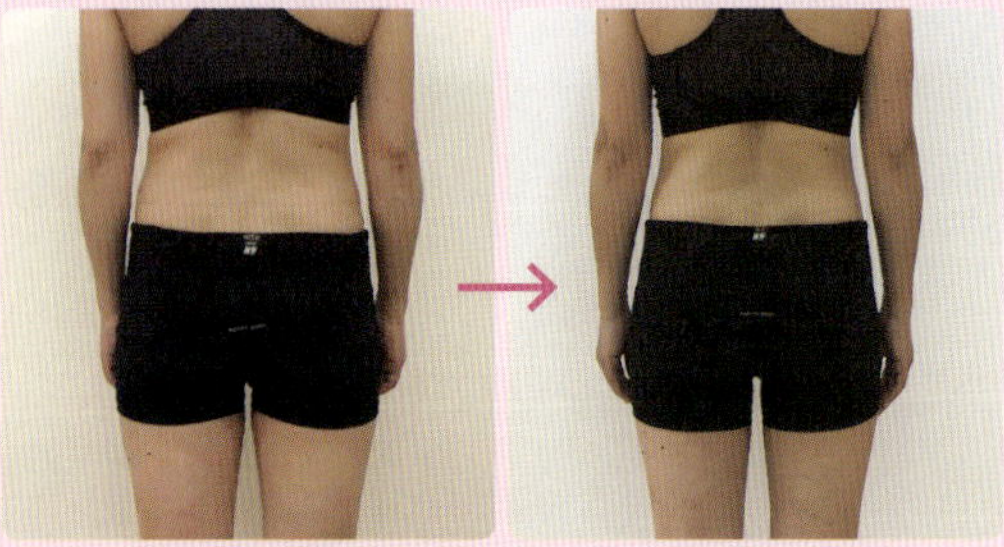

	開始時	二ヶ月後
身長	163 cm	
体重	59.1kg	**56** kg
体脂肪率	29.6%	**26.5**%
体内年齢	40才	**37**才
ウエスト	81 cm	**72** cm
ヒップ	95 cm	**91** cm

ウエスト
マイナス 9 cm!

全体的に引き締まり、お洋服もワンサイズダウン！ウエスト、太もも、脚全体が引き締まり、短パンも履けるように。顔もあごのラインがシュッとして、「痩せたね」と声を掛けられることが増えたそう。猫背が改善したことで、背中の肉も取れてきています。

第2章
30代はもう若くない？
パーツが下がってくる身体

30歳を過ぎると筋肉量が毎年1%ずつ落ちていく

「20代のころは細かったのに、30代になったら太りやすくなった」
「20代のときのベスト体重より、今は○キロもオーバーしている」
「30代になったら、ムリが効かなくなった」

よくそういって嘆いている30代の人がいますが、30代が焦るのは、20代のころの自分と比べるからです。

しかし、20代のときの身体と、30代の身体は、明らかに違うので、単純に比較することはできません。

私は「35歳」が20代と30代を分かつ境目の年齢ととらえています。

一般に、30歳を過ぎると、下半身を中心に筋肉量が年に1%ずつ落ちていくといわれています。

筋肉量が減れば、基礎代謝も落ち、日々の消費エネルギーも、運動時の消費エネルギーも右肩下がりで減っていきます。

それでも20代のときと食べる量が変わらなければ、消費カロリーより摂取カロリーのほうが多くなるので、当然、余った分はどんどん脂肪として蓄積されていきます。

妊娠・出産を経験すると、特にこの変化が顕著になります。

妊婦さんは何カ月も大きなお腹を抱えて生活しているため、骨盤底筋といわれる引き締めに重要な筋力の低下や、骨盤のずれが起こりやすくなります。

さらに出産後は、授乳や抱っこで前かがみになることが多いので、猫背になりやすく、姿勢も崩れてきます。

育児中は、自分の身体のメンテナンスに気遣う余裕がなくなることから、運動不足にもなりがちです。

気が付くと、すっかり産後太りしてしまい、妊娠前とは別人のような姿になってしまう……という人が珍しくありません。

今は35歳以上の高齢出産も多いので、育児疲れしやすい上、疲労回復も遅くなるので、それによってますます運動不足になって、血流が悪くなり、冷えや肩こりなどの不調も出てきます。

出産をしていない人でも、30歳を過ぎたら、右肩下がりになる身体の衰えや筋力の衰えによりバストやお腹、お尻など全身が下がってきます。

太りやすい体質の人はもちろんのこと、20代のときは特に何もしなくてもスリムだった人でも、「自分の身体は自分でケアする必要がある」という意識を持たなければ、20代のときのボディラインをそのまま自然に保つことは不可能です。

美ボディラインは筋力の補強が決め手！

「おばさん体型になりたくない！」

もし切実にそう思われるなら、単に痩せるだけではダメです。

ボディラインの崩れを防ぐためには、ゆがんだ姿勢を改善して、衰えた筋力を補強するエクササイズを行う必要があります。

プリエボディに参加されている生徒さんも、ただ痩せるためというより、「筋力をつけたい」とエクササイズに励んでいる方が多くいらっしゃいます。

今は昔に比べると、生活が格段に便利になっているので、あえて身体を動かす時間を設けなければ、若い人でも身体がなまって、筋肉が衰えがちです。

高度成長期以前は、手作業による掃除や洗濯だけでも大仕事なので、主婦は日常生活をしながらかなりの運動量をこなしていましたが、現代では、洗濯や乾燥も全自動で、お掃除もロボットにお任せできてしまいます。

移動もエレベーターやエスカレーター、車や電車が中心ですし、買い物もスマホを見ながら指1本動かすだけで済ませられます。

仕事もパソコン作業が多くなり、デスクワークが増えています。

オーストラリアの大学のデータでは、日本人は1日に座っている時間が世界一長いそうです。

しかし、日本では、欧米ほどエクササイズを習慣化している人が多くありません。

日本は世界一の長寿国ですが、高齢化するにつれ、筋力が衰えて杖や車椅子に頼らなければならない人や、転倒して寝たきりになる人が増えています。

それを防ぐためにも、30代、40代のうちから、自分の身体を支える筋力を鍛える習慣を身に付けておくことをおすすめします。

気になる自分のボディラインをチェック！

鏡に全身を映してみたとき、自分のボディラインで気になるのはどこですか？

次の10項目の中から、当てはまるものにチェックをいれてください。

□ゆるんだフェイスライン
□首やデコルテのしわ

□プヨプヨの二の腕
□垂れたバストライン
□くびれのないウエスト
□ぽっこり下腹
□ハミ肉の目立つ背中
□下がったヒップライン
□内側がタプタプの太もも
□しまりのないふくらはぎ

診断結果

チェックの合計は幾つでしたか？

0～1個＝青信号

今はまだボディラインの崩れは最小限ですが、油断は大敵です。

2～4個＝黄信号

既にボディラインの崩れがあちこちに現れているので、要注意です。

5個以上＝赤信号

今すぐボディを改善しないと、
いわゆるおばさん体型まっしぐらです。

チェックの数が多いほど、ボディラインが崩れているサインです。

こうした身体のゆるみやたるみの多くは、姿勢の崩れや筋力の低下が原因で起きているケースがほとんどです。

姿勢の崩れは、身体のたるみをどんどん助長します。

細く見えても、姿勢がよくないために、下腹だけたるんだお腹ポッコリになっている方がよくいます。

出産した人は、産後の骨盤のゆるみ・ゆがみを締めないと垂れ尻になっていってしまいます。更に猫背が加わると、後ろ姿も年齢より老けて見えてしまいます。

プリエボディのエクササイズで正しい姿勢に整え、筋力を養うことで、こうしたボディラインの崩れを改善することが可能です。

授乳後にバストラインが下がってしまった人も、姿勢を変えることでバストアップしていけます。

美しいボディメイクの8つのポイント

Point 1
生活の中に組み込んで、ムリせず長く続けられるメニューにする

最初からあまり張り切りすぎて、辛いトレーニングを始めると、途中で息切れして長続きしません。

辛くて続けられなければ意味がないので、自分の生活のどこにトレーニングを組み込めばムリなくできるか、マイルールを決めて習慣化しましょう。

「長時間のエクササイズは苦手。隙間時間にちょこちょこっとしたい」という人は、たとえば毎日朝食前に5分の簡単なエクササイズと、2日に1回だけ入浴

前に20〜30分のエクササイズを組み込むというルールにしてはいかがでしょう。

「時間がとれるときにまとめてトレーニングしたい」という人は、90分のエクササイズを週末とウィークデイに2回集中的に行うというルールでもいいでしょう。

もちろん1日10分ずつという短時間エクササイズでも、毎日継続することによって、必ず効果が出ます。

Point 2 身体の変化を写真と数値で記録する

ボディメイクを始める前に、ボディラインが隠れないウエアを着て、前後左右の全身写真を撮影しておきましょう。

また、ウエストや二の腕など、気になる部分のサイズを測って、1カ月毎に記録しておきましょう。

測定器具があれば、体脂肪率も記録しておけば理想的です。

写真とサイズ測定の記録を残しておくことで、単に体重の変化だけでなく、ボディラインの微妙な変化や、姿勢の変化などが一目瞭然となります。

身体は毎日少しずつ変わっていくので、エクササイズを始めたばかりのころは、劇的な変化を感じにくいかもしれません。

しかし、ビジュアルと数値で記録しておけば、ビフォー～アフターを比較したときに、「うわっ、こんなに変わったんだ！」と実感でき、モチベーションも上がります。

Point 3　やれば、変わる——まずは1カ月続けることを目標に

プリエボディのエクササイズを行うと、やればやっただけの結果がきちんとあなたの身体に現れます。

最初のうちは、「ちょっと面倒だな」と思うかもしれませんが、「やれば、変わる」と心の中で唱えて、まず1カ月を目標に続けましょう。

1カ月ぐらい続けたところで、目に見える結果が現れてきます。以前はパツパツだったスカートのウエストに少し余裕が出てきたり、ピチピチで着られなかったワンピースがスルッと着られるようになるなど、明らかに「自分の身体が変わった！」と感じるうれしい結果が見えてきます。

続けても一向に変化がないと、「効果がないのかなあ……」と不安になってやる気が下がってしまいますが、変化を実感できると、達成感を感じて、「よし、この調子で続けよう！」と、続けることが楽しくなってきます。

1週間や2週間ぐらいで簡単にあきらめず、「まず1カ月続けよう」と自分で目標を決めて、効果をワクワク期待しながら取り組みましょう。

Point 4　変わってきたら、身体のラインを出してみる

今まで着られなかった洋服が着られるようになるなど、自分の身体に変化を感じたら、思い切って身体のラインが出るウエアや洋服を着てみましょう。

自分のボディラインの変化が目に見えてわかるウエアを着ることで、「自分は変わってきた！　もっともっと変われる！」という思いが強くなり、モチベーションが上がります。

ボディラインを隠すと、気持ちを発散できず、脂肪も溜まっていきますが、見せることによって、自分の魅力を自覚し、自分を好きになっていきます。

友人やパートナー、お子さんからも「きれいになったね」といわれたら、しめたものです。がんばった結果が客観的に認められることで、やる気がさらにアップします。

特に女性は恋人やご主人にほめられると、女性ホルモンが刺激されるので、女性らしい美しさに磨きがかかります。

実際にプリエボディのレッスンに参加されている方も、身体に変化がでてきたところに、ボディラインが出るウエアに買い替えていらっしゃることが多いです。

Point 5　1カ月続けられたら、次は3カ月、そして6カ月を目標にする

理想のボディを手にするには、継続的なトレーニングが不可欠です。

1カ月続けられたら、次は3カ月続けることを目標にしましょう。

3カ月目には、身体もさらに変わっています。

1番変化しやすいのはウエストのサイズです。実際にプリエボディのレッスンを受けている方のデータを見ると、1～2カ月続けることで、ウエストが5センチ～10センチは細くなる人が大勢います。

自分の身体の変化を励みに、次は半年続けることを目標にしていきましょう。

実は、最初の1カ月が過ぎたころと、3カ月過ぎたころ、半年目あたりは、モチベーションが落ちやすくなります。

この魔のタイミングに脱落しないように注意して、半年以上の継続をしていきましょう。その頃には、習慣として定着し始めているはずです。

日々の生活の中で、エクササイズをするのが当たり前の習慣になり、しないと逆に違和感を覚えるようになるまで、続けることを目標にしましょう。

Point 6　できなかったときは、気にしない！　完璧主義をやめよう

「絶対に続ける！」と決めていても、風邪気味だったり、寝不足だったり、子どもの体調が悪かったりして、どうしてもエクササイズができないときもあります。

そんなときは、スパッとあきらめましょう。

「どうして予定通り完璧にできないんだろう」

「私って意志が弱い……」

「これ以上やっても、どうせまた続かないんだ……」

できないことを気にしすぎると、こんなふうにできない自分にくよくよするネガティブ思考のスパイラルにはまってしまいます。

そうなると、前向きに続けることがますます辛くなってしまいます。

なにごとも完璧を目指すのは素晴らしいことですが、完璧にできなかったときに、心がポキッと折れてしまうと、そこで止まってしまう危険性があります。

あまり完璧にこだわらず、予定通りにできなかったことはいったん忘れて、気持ちをリセットしましょう。

逆に、「今日は体調が悪くてできなかったけど、よく今まで休まずに続けてきたなあ。やればできるんだなあ」と、それまで続けてきた自分を誇りに思うようにしましょう。

Point 7　どうしてもできないときは、ハードルを下げよう

「続けるのが難しい」と感じるとしたら、今のトレーニングのハードルが高すぎる可能性があります。

その場合は、トレーニング内容を減らす、頻度を減らすなど、今よりも少しハー

ドルを下げてみましょう。

まずは、生活の中でムリなくできる範囲で続けていきましょう。

慣れてきてから、徐々にハードルを上げていけばいいのです。

しばらく続けていくと、目指していたところまでハードルを上げられるときがやってきます。

それがムリなくできるようになれば、身体が慣れさらにステップアップできます。

Point 8 ラストスパートは「やり切る」ことを意識する

ダイエットやシェイプアップの1カ月の「慣れない」壁、3カ月の「続ける」壁を乗り越えていくと、最後に出てくるのは「このくらいでいいかな〜」という「妥協」の壁です。

たとえば、80kgの人が70kgを目標にしてダイエットやシェイプアップをしていると、順調に目標に近づいていた人が、あとちょっとの73kgあたりでストップしてしまうことがあります。

それは、「結構いい感じ、十分じゃない？」「まぁこのくらいでいいでしょう！」という妥協の気持ちが働くからです。

確かに、そこまで結果を出せたこと自体、素晴らしいことですが、ぜひその先の「やり切る」という成功体験を味わってください。

思った通りの体型に変わることで自信がつくのはもちろん、やり切ることで、「私はこんなにできるんだ」という自己肯定感が高まって、セルフイメージがグッと上がります。

成功体験が自分の意識にインプットされると、次の段階に進むときも、「やればできる」と前向きに取り組めるので、成功率も上がります。

「やり切った」という達成感は、ダイエットだけでなく、仕事や子育て　他のやりたいことへもプラスの影響を与えてくれます。

ぜひ最後の最後、妥協の壁を越えて「やり切る」成功体験を味わってください。

column

バレリーナの身体の秘密

バレリーナの動きは、舞い上がるときも、着地するときも、まるで羽でも生えているかのように、ふわっと軽やかです。高く跳んだり、くるくる回ったりするには、鍛えた筋肉が不可欠ですが、舞台上で踊るプロのバレリーナたちはみんなとても華奢です。

バレリーナは体幹に細く引き締まった筋肉が多くついているので、ほっそりして見えるのです。

また、バレリーナは姿勢のゆがみがなく整っているため、首筋が伸びて、鎖骨周りのデコルテからフェイスラインもすっきり小顔に見えます。

プロカメラマンが人物撮影をするときは、顔の下からレフ版という光が反射する白い板を当てることで、顔映りを美しく見せる演出をしますが、姿勢がよいと、バストラインも上がるので、バレリーナは胸板が自然にレフ板代わりになって、顔周りが凛と映えて見えるのです。

第3章

10分で姿勢が改善する プリエボディ基礎エクササイズ

～エクササイズを始める前に～
自分の呼吸チェックをしてみよう！

普段、自分の呼吸を意識することはありますか？

人は呼吸をしないと生きていけないので、どんなときも無意識に呼吸をしています。

人はストレスがかかると、呼吸が浅くなります。

忙しい現代人は、日常的にストレスが多いので、知らず知らずのうちに呼吸が浅くなりがちです。

自分がどんな呼吸をしているか、チェックしてみましょう。

まず、仰向けに寝てください。胸とお腹に手を軽く置き、息を吸ったとき、胸とお腹が動くかどうかチェックしてみてください。

胸だけが動く人は、胸だけで呼吸をしているので、呼吸が浅くなっています。

正しい姿勢の人は、呼吸をしたとき、自然に胸もお腹も動きます。姿勢がゆがんでいると、息を吸うときに横隔膜や肋骨をうまく動かすことができず、深い呼吸がしにくくなるのです。

人は1日に約2万回の呼吸をしているといわれます。正しい姿勢で呼吸をすると、それだけでお腹の引き締め効果があります。魅せるお腹を作るには、正しい姿勢で呼吸するのがポイントです。

基礎代謝は消費エネルギーの7割近くを占めているので、基礎代謝を上げれば、自然に痩せやすい身体になります。

エクササイズの最初に、呼吸のトレーニングをしましょう。正しい呼吸を体得すれば、代謝が上がり、部分痩せではなく、全体が引き締まってきます。

ステップ①と②の呼吸トレーニングは、3タイプに共通する姿勢改善のための必須メニューです。運動経験が少ない方は、まずステップ①とステップ②を重点的に行ってください。

共通
呼吸
エクササイズ
1

お腹やせに効果大！

腹式呼吸

お腹を膨らませたりへこませたりすることでインナーマッスルを鍛える呼吸法です。
「鼻から息を吸ってお腹を膨らませ口からゆっくりとはきお腹を凹ませる」を意識することでお腹の引き締めにもつながります。

効果

お腹引締め

1

鼻から息を吸ってお腹を膨らませる。

2

ローソクの火を消すイメージで口からゆっくりと細く長く息をはいてお腹を凹ませていく。

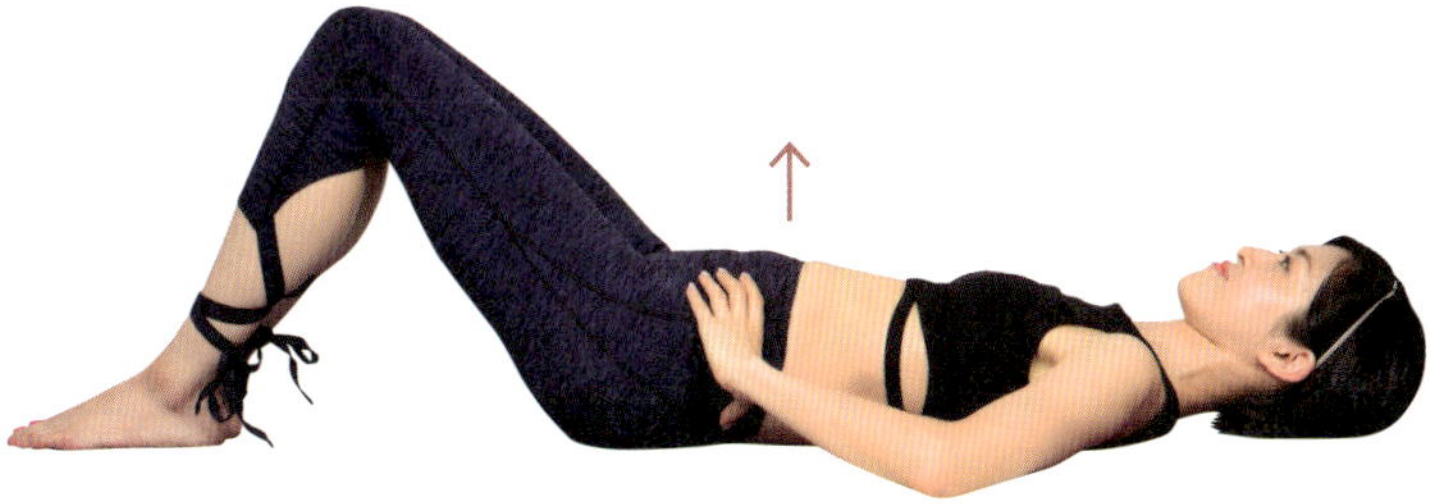

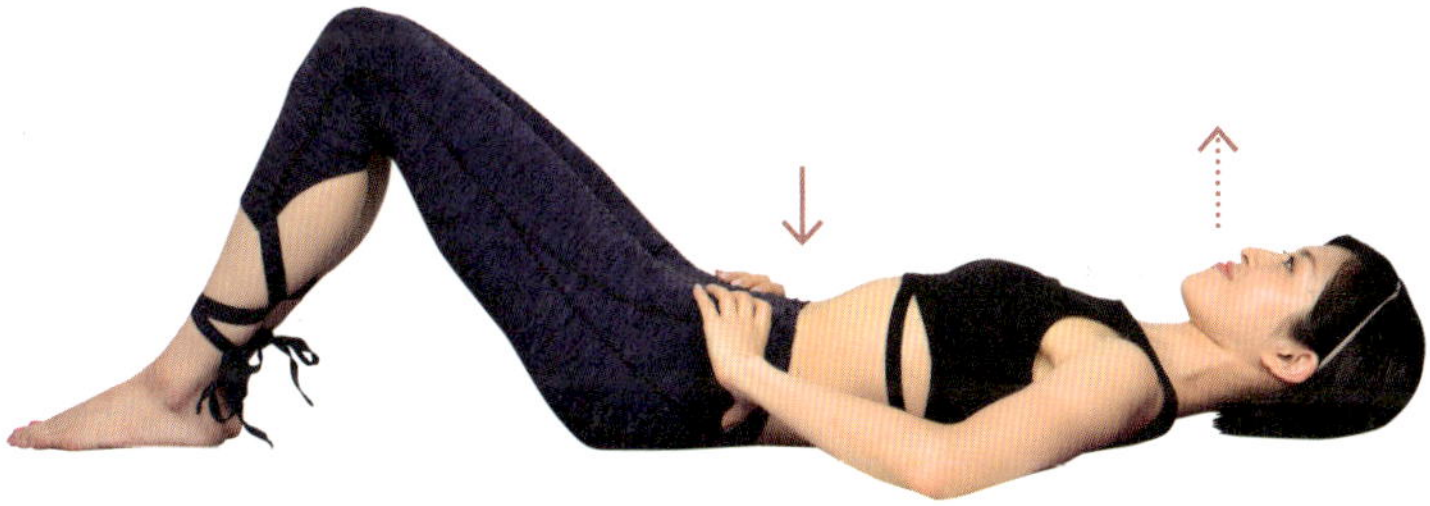

10~15回

腹横筋チェック方法

両方の腰骨（上前腸骨棘）から内側に指2本分、下側に2本分のところで触ることができます。正しくできているときに「腹横筋」の収縮を感じることができます。

共通
呼吸
エクササイズ
2

肋骨と背骨を柔らかくする

胸式呼吸

息を吸い込みながら下部肋骨を横に広げるイメージで胸を膨らませます。
胸式呼吸は肋骨と背骨を柔らかくし、姿勢が整います。

効果

お腹引締め

1

両手を下部肋骨にあてて、鼻から息を吸った時に下部肋骨が横に広がっていくことを確認する。

2

口から息をはく時は広がった肋骨が自然と内側へ戻っていくことを確認する。

共通

プリエ ← 4 ← 3 ← 2 ← 1 ← 呼吸

10~15回

強くおさえないように。軽く触れておくだけで良い

!

お腹の上に本を置き、息を吸ったときに乗せた本を上に持ち上げるようにします。しっかりと横隔膜が使えていれば本は真上に持ち上がりますが、横隔膜が使えていない場合には本は真上に持ち上がりません。

これを繰り返すことで胸郭の柔軟性がアップして良い姿勢作りにつながります。

胸郭とは… 胸部の外郭を作るかご状の骨格。胸椎、鋤骨、胸骨からなる。

鏡を見ながら姿勢をチェック！

次に、全身が映る鏡の前に立って、自分の姿勢のゆがみをチェックしましょう。

「えっ私は特にゆがんでいないけど」

と思われるかもしれませんが、自分ではちゃんとまっすぐにしているつもりでも、日常生活の中で、習慣となっている姿勢や身体のクセが原因となって、知らず知らずのうちに姿勢がゆがんでしまっている人が大勢います。

そもそも、利き腕や利き足があったり、心臓が左に、肝臓は右にあるなど、人の身体は完璧に左右対称なわけではありません。

バッグをかけたり、足を組んだり、電話を持つときなど、左右いずれかに偏っている場合が多く、そうしたクセが身体のゆがみになって現れているのです。

あなたはどのタイプ？
猫背さん、反り腰さん、骨盤ゆがみさん

正面から見たときの正しい姿勢は、左右の肩の高さも、骨盤の高さも水平です。

しかし、バッグを持つ側のほうが力が入りやすいので、肩が上がっていたりすることが多く、肩の高さが違うと、そのズレを腰が補おうとするので、ウエストのくびれの高さや、骨盤の高さも左右違っていることがよくあります。これを「骨盤ゆがみタイプ」と呼んでいます。

横から見たときの正しい姿勢は、背骨の緩やかなS字カーブがとれており、耳、肩、骨盤、膝、外くるぶしのやや前方を結ぶ線が、一直線上に並んでいるのが正常です。

また、骨盤は、ヒップハングのパンツを履くとき、パンツがひっかかる位置にある骨盤の前に浮き出た骨（上前腸骨棘：じょうぜんちょうこつきょく）と、そ

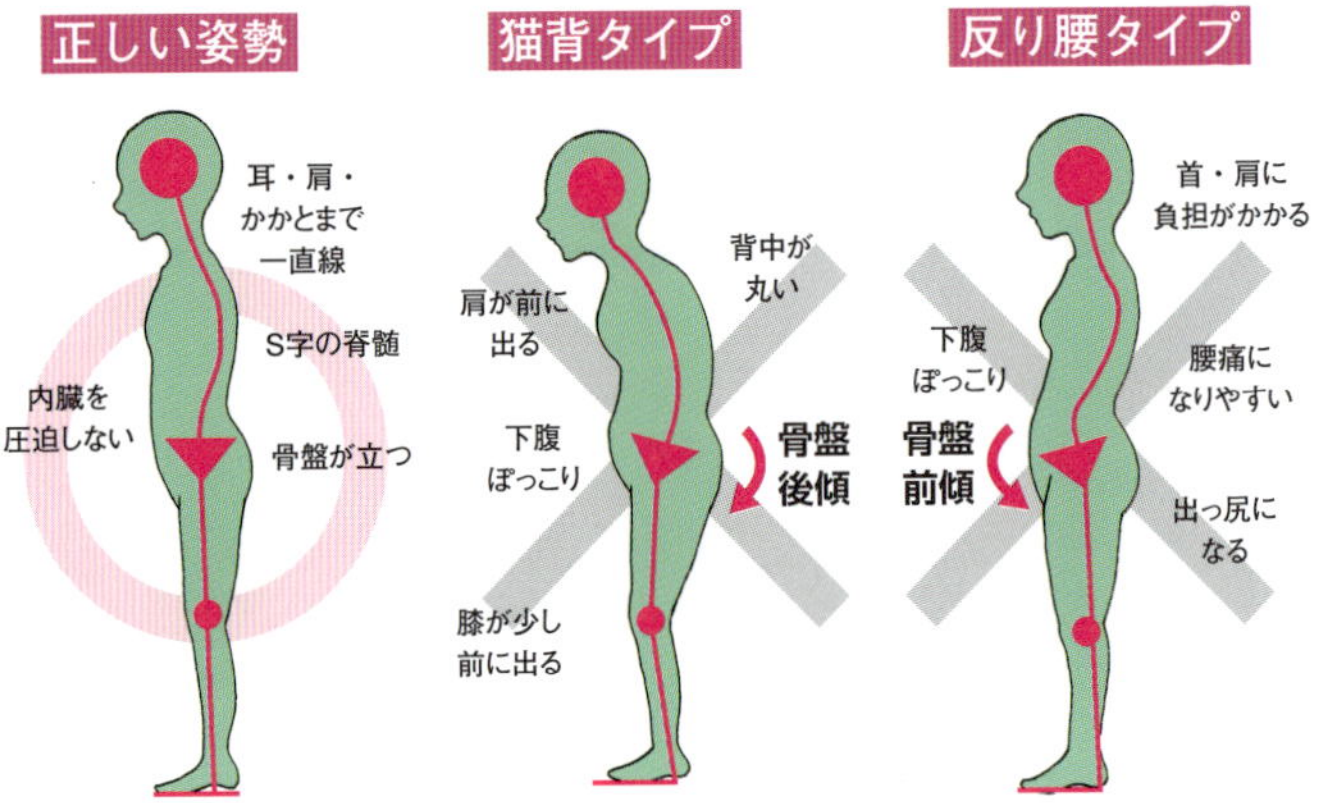
正しい姿勢
耳・肩・
かかとまで
一直線
S字の脊髄
内臓を
圧迫しない
骨盤が立つ
猫背タイプ
背中が
丸い
肩が前に
出る
下腹
ぽっこり
骨盤
後傾
膝が少し
前に出る
反り腰タイプ
首・肩に
負担がかかる
下腹
ぽっこり
骨盤
前傾
腰痛に
なりやすい
出っ尻に
なる

こからお尻の後ろにある左右に突起した骨（上後腸骨棘：じょうごちょうこつきょく）の高さが、指2〜3本分だけお尻側の突起のほうが高いのが正しい姿勢です。

肩が前に出て、背中が丸く前に傾いた「猫背タイプ」は、胸やお腹が下がっており、骨盤のお尻側の突起(上後腸骨棘：じょうごちょうこつきょく）のほうが下がっているので、お尻も下がっています。

一方、S字カーブの腰椎の部分が前に反りすぎている「反り腰タイプ」は、骨盤のお尻側の突起が指3本分より上がっています。

また、正面から見たとき、骨盤の左右の突起が傾いている場合は、ウエストの高さも左右違います。

日本人は座っている時間が世界一長いので、長時間のデスクワーク中の習慣的な座位や、いつも同じ側の脚を組んで座るクセなどによって、姿勢がゆがみやすいといえます。

特に現代人は、パソコン、スマートフォンの操作など、身体の前側で行う作業が多いため、必然的に背中が丸くなり、骨盤が後に傾いた「猫背タイプ」になりがちです。

プリエボディの参加者の9割も「猫背タイプ」です。

「骨盤ゆがみタイプ」も7割近くいます。

前ページ図のように、パソコンやスマートフォンを見るとき、多くの人は頭が前方に出ています。頭を前方に固定した座位姿勢を取り続けると、首の後ろの筋肉が縮んで、肩にぐっと力が入ります。

すると、胸椎が後ろに弯曲して猫背になり、骨盤が後ろに傾いた状態になります。

猫背の傾きが大きいほど、頸椎や肩に負担がかかり、肩こりの原因になります。姿勢を正すとき、背筋を伸ばすのではなく、腰を反ったり、胸を張ったりしてムリに姿勢を正そうとすると、「反り腰」になります。「反り腰」は、腰や頸椎に負担がかかるので、腰痛や肩こり、頭痛などの原因にもなります。

3タイプ別のエクササイズ後はプリエクササイズ

「猫背タイプ」「反り腰タイプ」「骨盤ゆがみタイプ」の3タイプ別のエクササ

イズは、それぞれ6～7段階のステップに分かれています。

先述の呼吸トレーニングの後、3タイプ別にそれぞれ異なるプラスαのエクサイズ3～4種類を行います。

そして最後に、3タイプ共通の「プリエエクササイズ」を行います。プリエエクササイズは、バレエの基本メソッドです。

こうした一連のエクササイズを続けることで、3タイプそれぞれに合わせて姿勢を改善でき、バレリーナのようにトータルに引き締まった体型に変身できます。

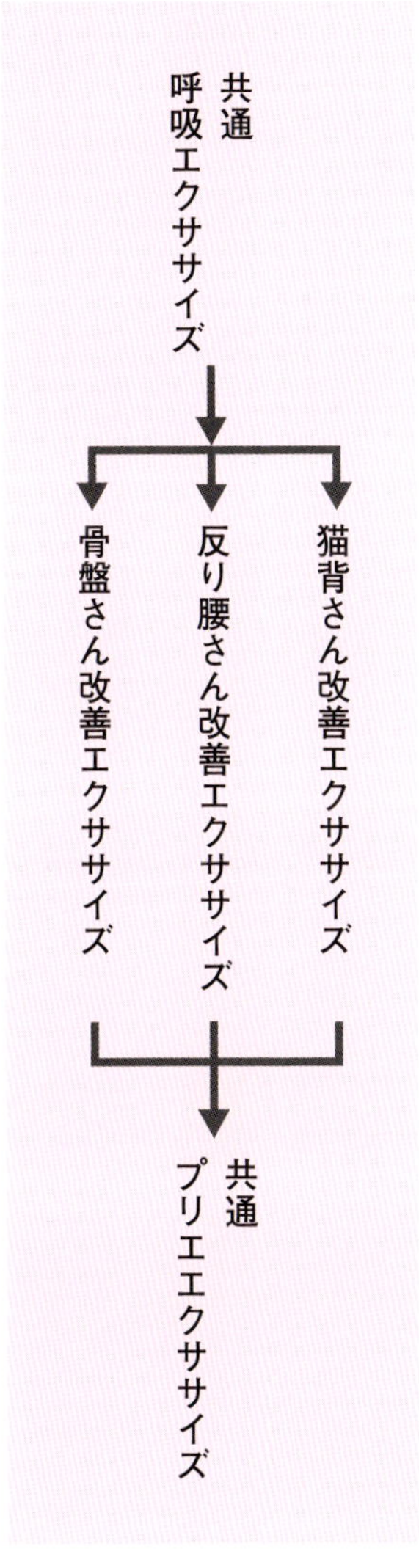

猫背さん
改善エクササイズ 1

美しいデコルテラインを作る！

~フェザー（スワン）ストレッチ~

前に出やすい肩甲骨を後ろに置くことで猫背を防ぎ、美しいデコルテ、背中のラインを作ります。

！

手を置く位置を真横、斜め下にずらしていくとストレッチされる箇所が少しずつ変わり、縮んで硬くなっている胸の筋肉が柔らかくなります。

1

壁（柱）の横に立つ。壁からは一歩離れた位置に立つ。

効果

猫背改善
きれいなデコルテライン
きれいな背中ライン

猫背さん改善

3秒その姿勢を
保持する

呼吸を止めない
ように
10回

※壁や柱で行う
胸のストレッチです。

!
反動や弾みをつけずに、胸の筋肉をゆっくり伸ばしていくこと。

2

そのまま壁側の足を一歩前に踏み出す。壁に置いた手はその位置のまま。すると腕のつけ根が伸びてストレッチされます。
左側も同様に行います。

猫背さん
改善
エクササイズ
2

肩甲骨を動かして猫背改善

ペルビックエクササイズ

姿勢を整えて肩甲骨を内側に寄せることで猫背改善につながります。また、肩こりや腰痛予防にも！

！
正しく座るには、耳ー肩ー腰を一直線にします。

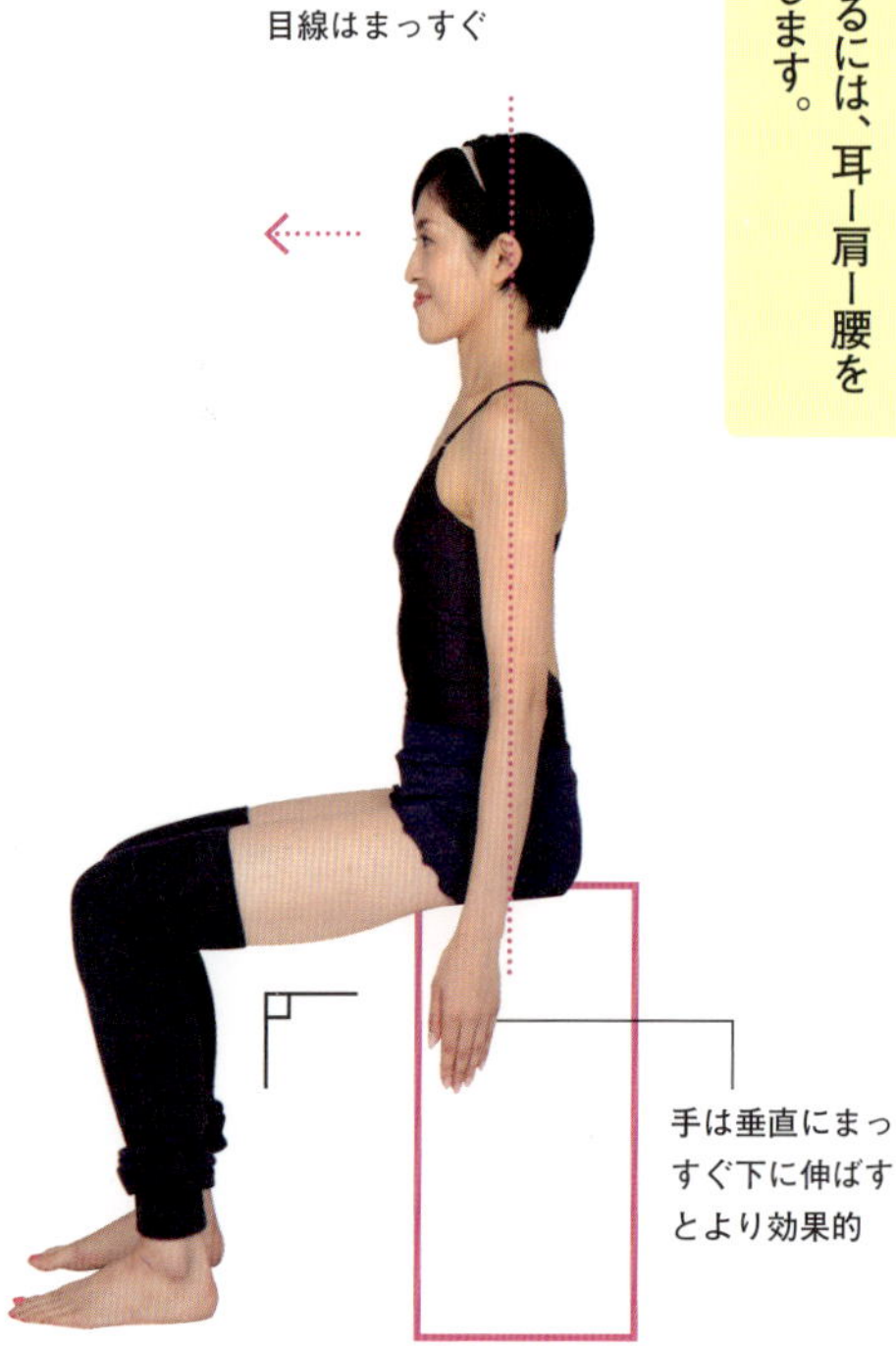
目線はまっすぐ
手は垂直にまっすぐ下に伸ばすとより効果的

1

椅子に座り脚は腰幅より少し広めにとる（股関節の角度は 90°）。

効果
姿勢改善
猫背改善
肩こり・腰痛予防

猫背さん改善

！この動きを特に大きく！

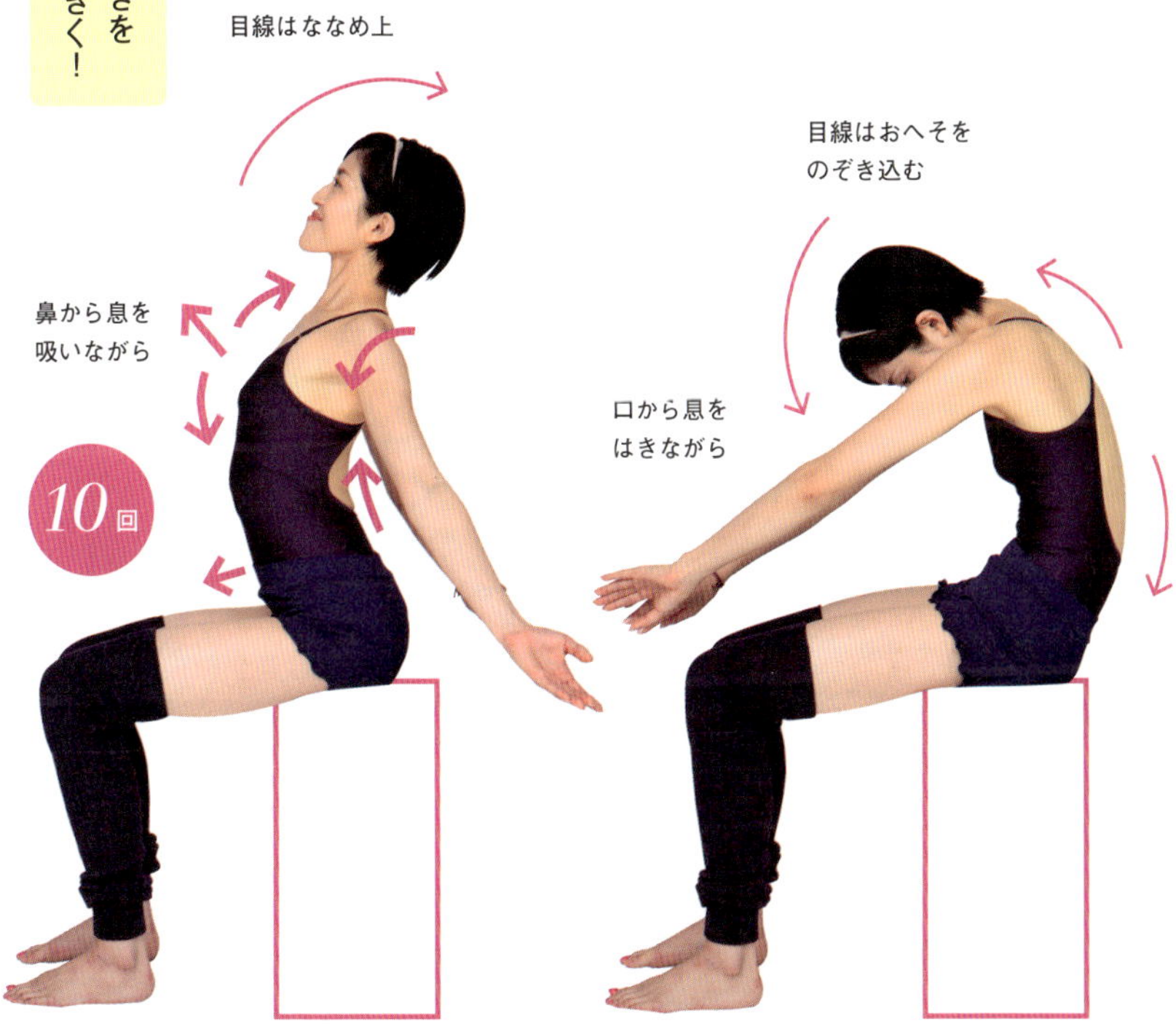
目線はななめ上
鼻から息を吸いながら
10回
目線はおへそをのぞき込む
口から息をはきながら

3

次に、肩甲骨をしっかりと背骨に寄せながら、手を後下方に向かって伸ばしていく。両腕は外側に捻じりながら、骨盤を前傾させる。

2

スタートポジションから両腕を前方に伸ばし胸の前で合わせる。肩甲骨は外に広げながらお腹を凹ませて骨盤を後傾させる。

猫背さん
改善
エクササイズ
3

体幹を鍛えてしなやかな身体になる

ハンドニー・ダイアゴナル
トランクローテション

腹筋を意識することで
体幹筋力がアップし、
しなやかなボディを作ります。

効果
身体の軸ができる
体幹筋力アップ
しなやかな身体作り

身体を一直線に保持する

1 軸手（右）は胸骨の真下に置く。反対の手（左）は後頭部へ。左膝は股関節の真下に。

胸椎から捻りながら
丸めていく

2

おへその下で肘と膝がクロスするように身体を捻じりながら丸めていく。腹筋を意識する。

胸椎から捻じること（腰から捻じるのはNG!）
手のひらで床をプッシュしながら
左右10回ずつ

3

軸手で床を押しながら胸椎（主に背中）を後方に捻りながら伸ばしていく。この時、目線は肘を追いかけていく。これを左右同様に行う。

猫背さん改善エクササイズ 4

背筋がピンッと伸びる！

アームレッグクロスレイズ

両手足を伸ばすことで背筋が伸び、姿勢が整います。同時に体幹力とヒップアップ効果も！

1

両手を頭の横にバンザイする。おでこの下にタオルをセット。

2

息をはきながら左手と右足をゆっくり３秒かけて上げる

3

息を吸いながら３秒かけてゆっくり下ろす。

4

反対側も同様に行う。上から見るとＸの形をしているポーズ。

効果

姿勢改善
体幹筋力アップ
美しい背中作り
ヒップアップ

猫背さん改善

プリエ ← 4 ← 3 ← 2 ← 1 ← 呼吸

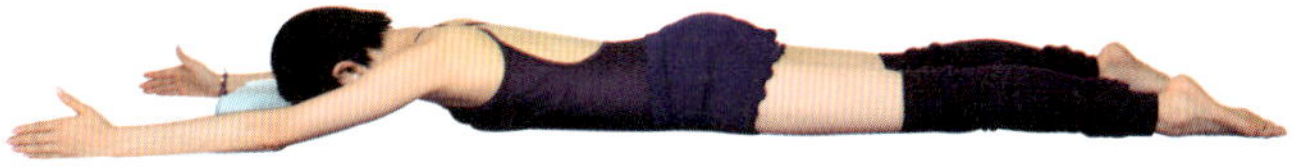

膝はまっすぐ

手と足が同じ
タイミングで
上がるように

!
腰を反らないように
足ばかり上げないように。

20回

膝はまっすぐ

反り腰さん 改善エクササイズ 1

カラダの自然なS字カーブを取り戻す

ペルビックエクササイズ

凝り固まってしまった背中や腰の改善を目指すエクササイズです
腰痛予防にも！

効果
姿勢改善
猫背改善
肩こり・腰痛予防

！ 正しく座るには、耳ー肩ー腰を一直線にします。

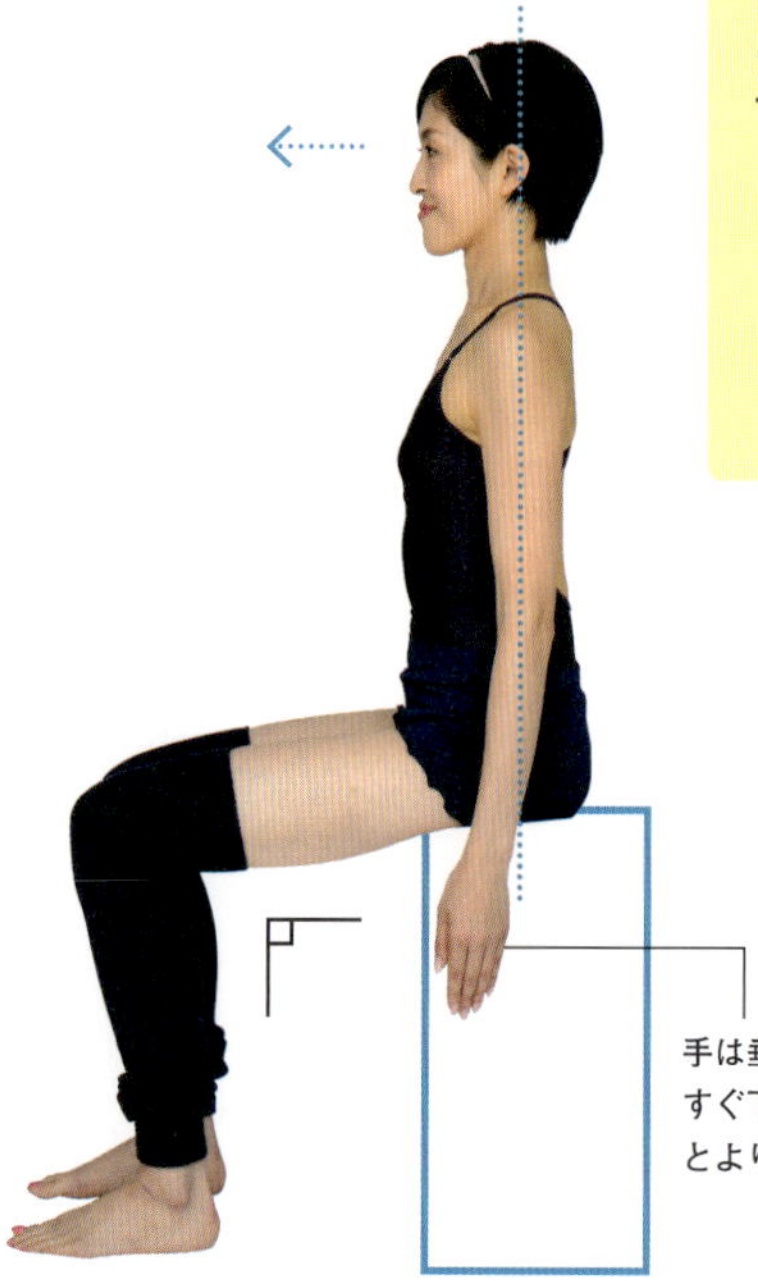
目線はまっすぐ
手は垂直にまっすぐ下に伸ばすとより効果的

1

椅子に座り足は腰幅より少し広めにとる。股関節、膝関節は90°。

反り腰さん改善

プリエ ← 4 ← 3 ← 2 ← **1** ← 呼吸

この動きを特に大きく！

目線はおへそを
のぞき込む
口から息を
はきながら

2

スタートポジションから両腕を前方に伸ばし胸の前で交差する。肩甲骨は外に広げながらお腹を凹ませて骨盤を後傾させる。背中が丸められたことで背骨にそった脊柱起立筋へのストレッチにもなる。

目線はななめ上
鼻から息を
吸いながら
10回

3

次に、肩甲骨をしっかりと背骨に寄せながら、手を後下方に向かって伸ばしていく。両腕は外側に捻じりながら。

反り腰さん 改善エクササイズ 2

上向きで形の良いお尻を作る

シングルヒップエクステンション

後ろ姿の決め手は、キュッと引き締まった小尻。スタイル美人には欠かせないヒップアップエクササイズです。

! 意識したいのは、足を上げるときも下ろすときもお腹に力を入れたまま体幹（体の軸）を安定させた状態で行うこと。

1

うつ伏せになり、おでこの下にタオルをセットする。

2

息をはきながら、片足のつま先を遠くに伸ばすように、股関節を少し上に持ちあげながら伸ばしていく。

3

息を吸いながら大腿をゆっくりと床に下ろす。

4

反対側でも同様に行う。

効果

ヒップアップ
キュッと引き締まった小尻

反り腰さん改善

！
お尻から太ももへ、の順に近位から遠位へ動かすイメージで行います。

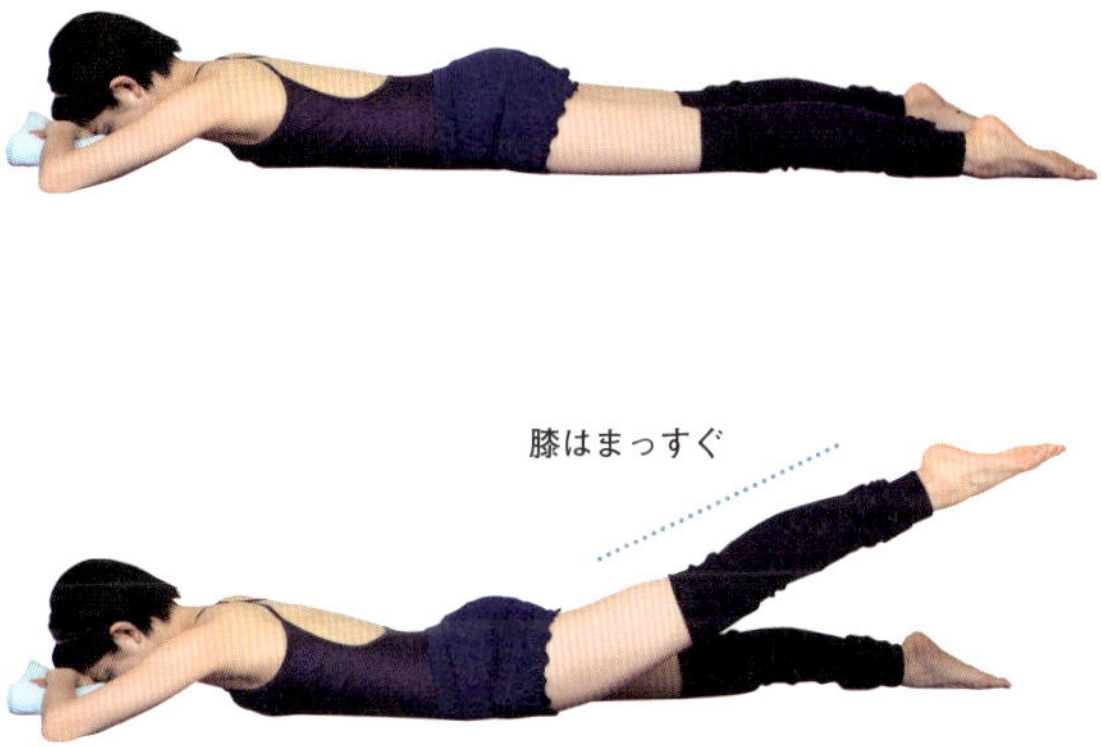

！
動作中、首や肩中の筋肉に力が入らないように。

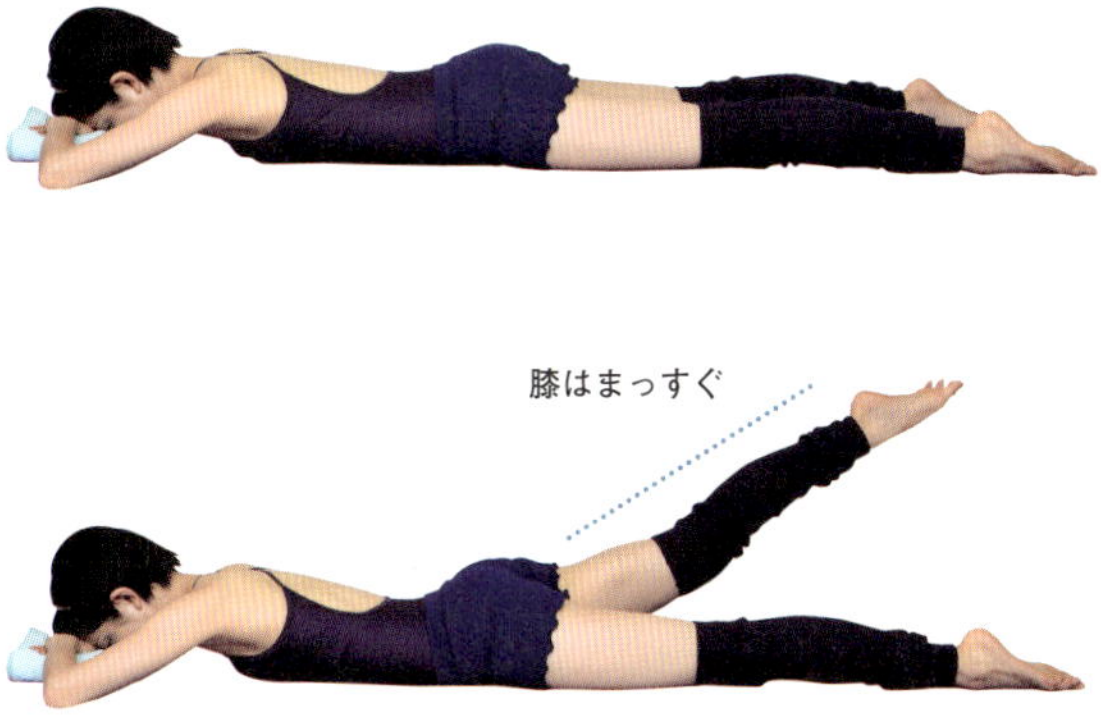

左右10回ずつ

反り腰さん 改善エクササイズ 3

前腹を鍛えてぽっこりお腹解消

上部腹筋 ～クランチ～

お腹を凹ませて肩の力を抜く。
腹筋の力で身体を支えることがくびれボディの近道に！

両腕はリラックスした状態で

1 仰向けになり両手は体側へ置く。両膝は 90°に曲げる。

2 口から息をはきながら上体を起こしていく。目線はおへそをのぞき込むようにする（肩甲骨が床から浮くくらいでＯＫ！）

15~20回

3 鼻から息を吸いながら。

効果
前側のお腹の引き締め

反り腰さん改善

プリエ ← 4 ← **3** ← 2 ← 1 ← 呼吸

キュッと引き締まったくびれ作り

上部腹筋　〜ツイスト〜

余裕ができたら脇腹を意識する。体幹を捻じることがウエストの引き締めに効果的です。

効果
脇腹の引き締め

反対側

! 肩を少し浮かせる。

1　仰向けになり、左手は体側、右手は天井に向かって伸ばしていく（右肩甲骨が床から離れるまで手をしっかり伸ばす）。両膝は90度に曲げる。

左右 15~20 回ずつ

! 右肩と左肩を入れ替えるよう体幹を捻じるとウエスト引締めにより効果的。

! 体幹が横に側屈しないように。

2　右肩が左股関節へ向かうように体幹を捻じりながら上体を起こしていく。反対側も同様に行う。

反り腰さん 改善エクササイズ 4

横から見てもペタンコなお腹作り

下部腹筋 ～リバースクランチ～

絞りにくい下腹を刺激してぽっこりお腹解消。
腰に負担がかからないように、お尻を上げることを意識しよう。

効果
下腹の引き締め

1 床に仰向けになり、手は少し身体から離したところについて床を支える。膝と股関節を軽く曲げ、内ももの間にタオルを挟む。

2 膝と股関節の角度は90度をキープし、できるだけ変えずに、膝を胸に引きつけるようにする。

3 膝と股関節の角度を変えずにゆっくりとお尻を床に下ろしていく。

10~15回

! 反動をつけずに行う（反動をつけて行うと効果が低くなります）。

NG

両足を下ろす際に腰が反りすぎると腰を痛める原因となるため、腰と床の距離が離れないように注意しましょう！
足から持ち上げるのではなく骨盤から持ち上げる意識で行います。

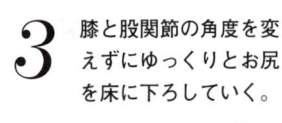

どこから見ても立体的なくびれに！

下部腹筋 ～リバースクランチ～

余裕があればさらに下腹を捻じってウエストにくびれを！ どの角度から見ても出っ張りのない美しいくびれができる。腹筋力で反り腰改善に！

効果

脇腹の引き締め

10~20回

1 スタートポジションはリバースクランチと同じ。

2 左膝を右肩に近づけるようにひねりながらお尻を持ち上げる。

3 右膝を左肩に近づけるようにひねりながらお尻を持ち上げる。

！ 腰に負担のかかりやすいエクササイズなので、腰に痛みがある方は行わないように。

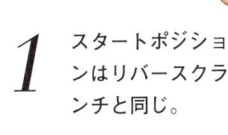

骨盤さん
改善
エクササイズ
1

凝り固まった骨盤の動きを改善

坐骨ウォーク

座骨を意識して前後に歩くことで硬くなった骨盤の動きを改善します。椅子に座ってできるのでデスクワーク中におすすめ。

1

姿勢を正し、椅子に深く座る。

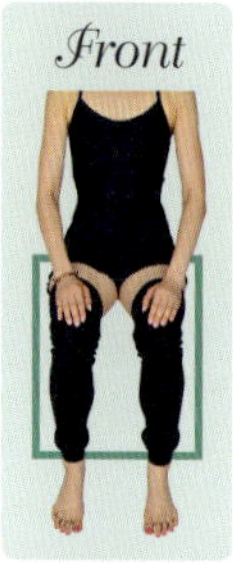

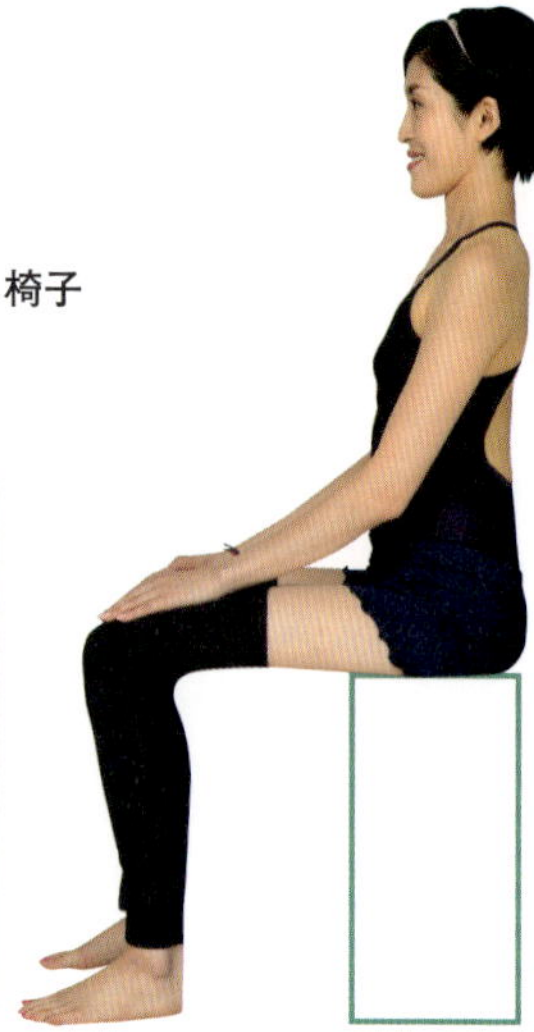

2

左右の坐骨に小さな足がついているイメージで右・左と交互に坐骨を前に出し、また後ろに戻る。

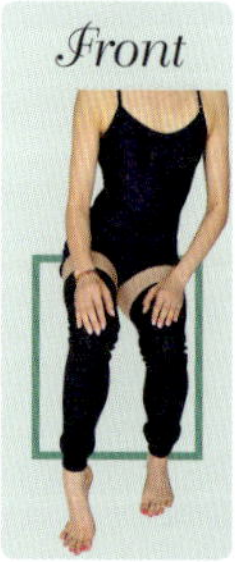

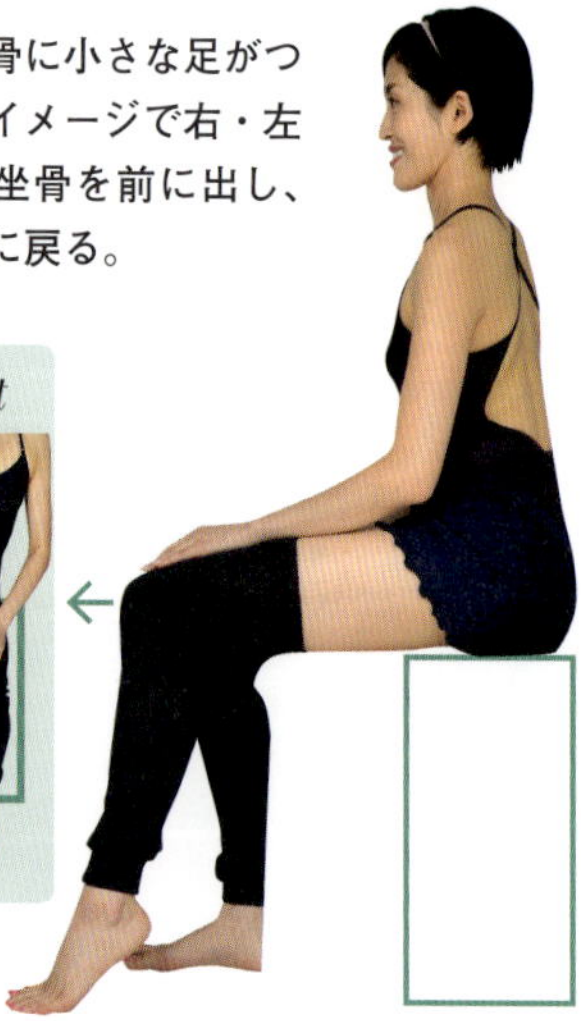

効果

凝り固まった骨盤の動きを改善

骨盤さん改善

プリエ ← 3 ← 2 ← 1 ← 呼吸

3

この動きを椅子の前端まで繰り返す。

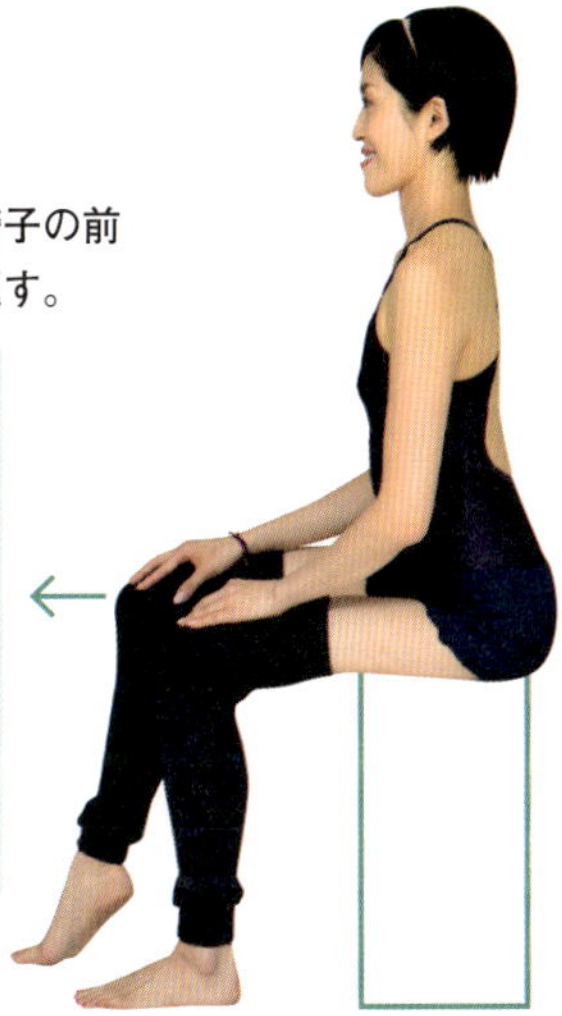

Front

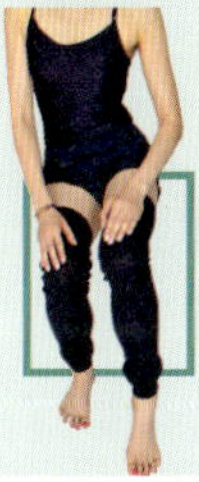

！ 足を引きずるように動かすのではなく、膝が前後に動くように。

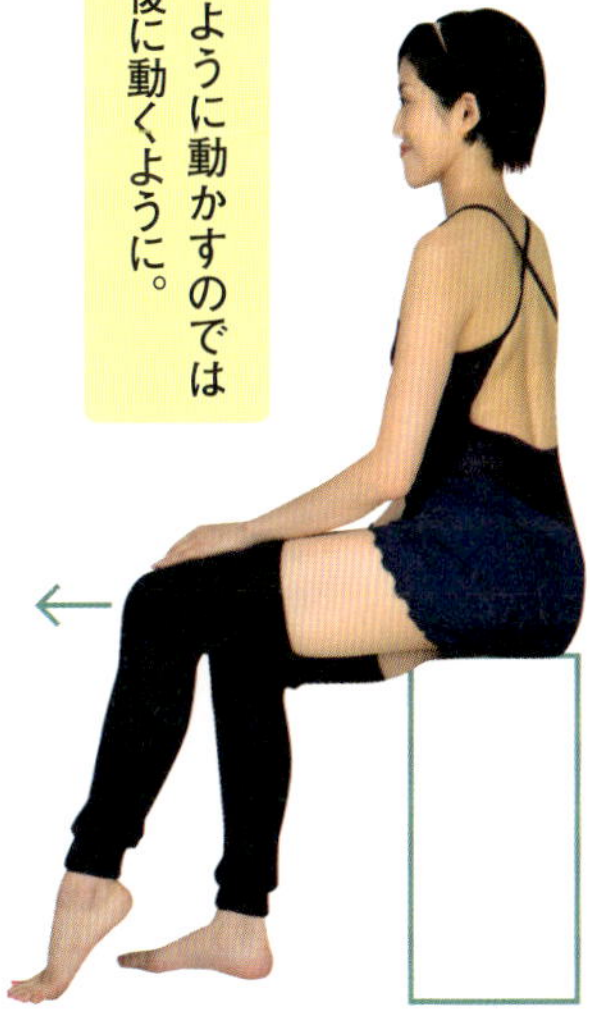

前方へ進む 10回

後方へ戻る 10回

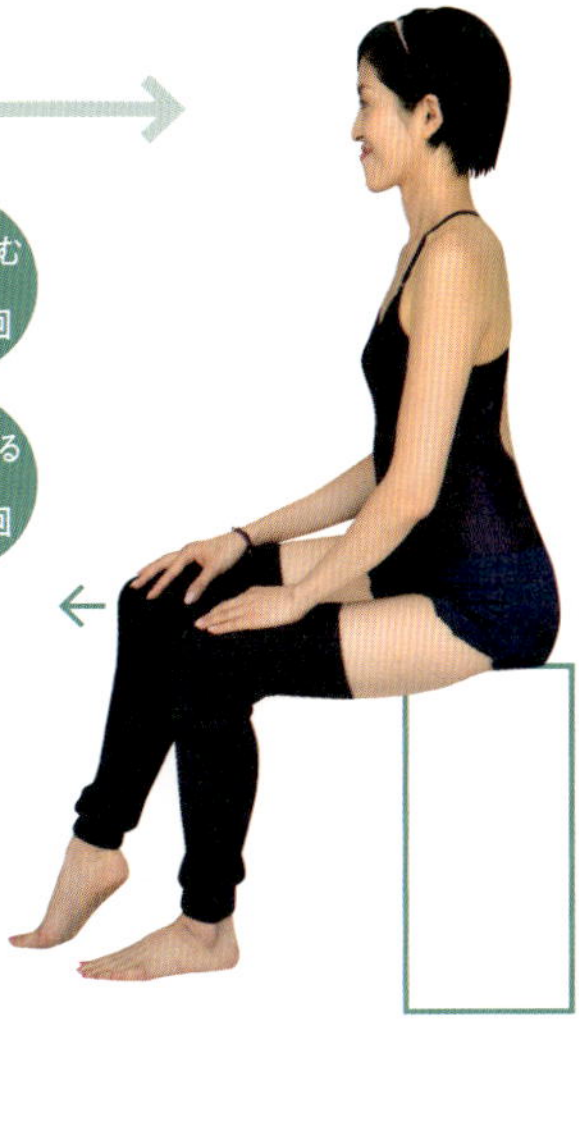

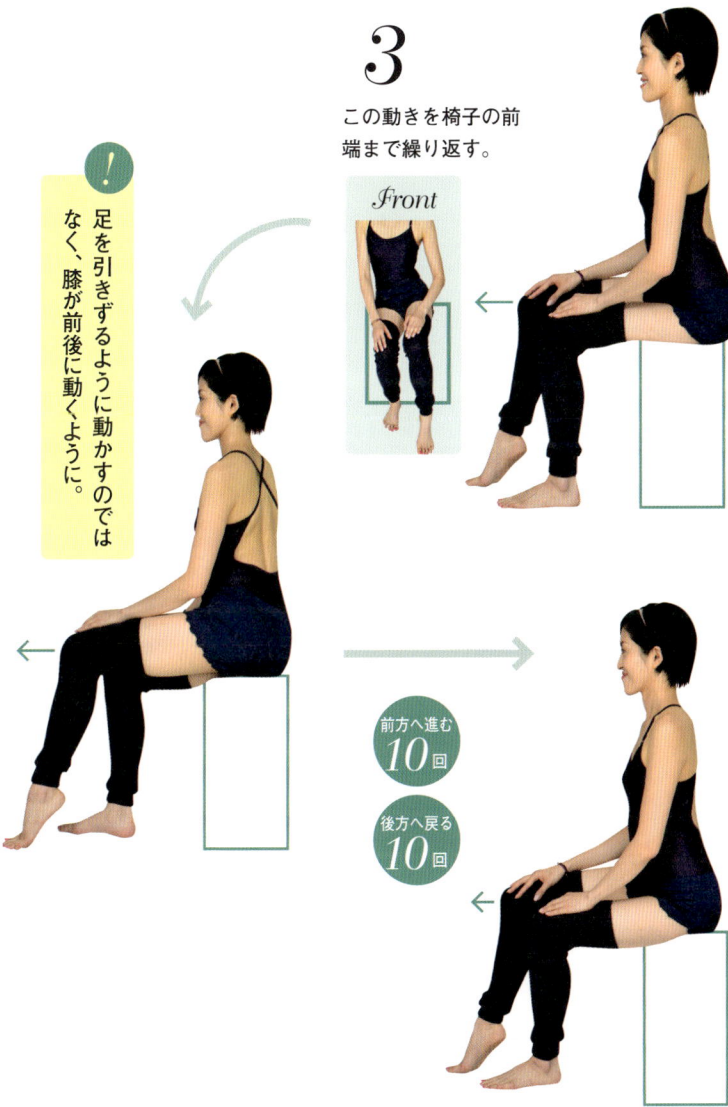

骨盤さん
改善
エクササイズ
2

脇腹を絞ってくびれを作る

くびれエクササイズ

骨盤を引き上げながら、体幹を意識することで姿勢改善に。左右に側屈させることで脇腹を刺激！

1

椅子に座り、両手は頭の後ろに組む。股関節、膝関節は 90°。

効果

姿勢改善
くびれを作る

骨盤さん改善

3

これを左右交互に行う。

2

骨盤を上に引き上げる。引き上げた骨盤側に体幹（体の軸）を側屈させる。

骨盤さん
改善
エクササイズ
3

身体の軸を意識して体幹力アップ

ハンドニー・ダイアゴナル

床と身体のラインを水平に、一直線となることで体幹力が鍛えられます。骨盤のゆがみ解消に効果的！

効果

身体の軸ができる

1

手と膝を床につき、股関節の真下に膝を置く。股関節、膝関節は 90° に。肩関節の真下に手を置く。

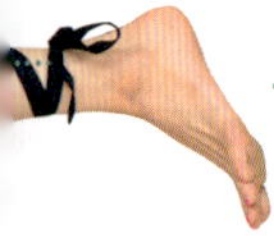

2

①の体勢のまま右手と左足を伸ばしていく。挙げている手のひらの向きは内横を向くように伸ばす。伸ばした足の足首は 90° をキープする。（手足を伸ばした姿勢で 3 秒キープ）

!

頭が垂れ下がったり、腰が反りすぎたりしないように。

骨盤さん改善

プリエ ← 3 ← 2 ← 1 ← 呼吸

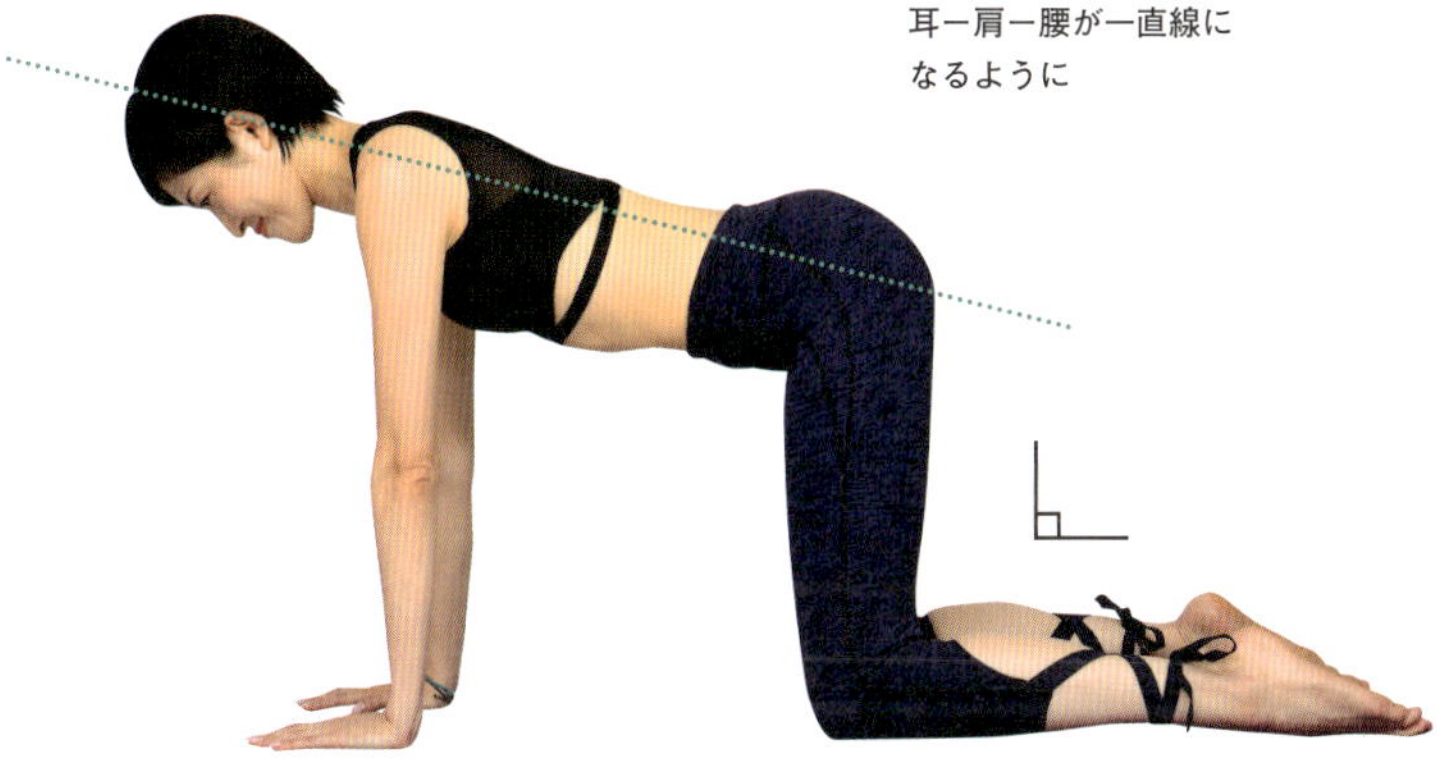

耳ー肩ー腰が一直線に
なるように

このとき、指先から頭・肩・腰・踵（かかと）のラインが一直線になるように意識します。

腕と足は遠くに伸ばすように意識する。（足を上げすぎないように）

共通
プリエ
エクササイズ

体幹を鍛えて細くしなやかな筋肉を作る

プリエエクササイズ

インナーマッスルを刺激し、細くしなやかな筋肉を作るバレエのメソッド。トータル的に引き締まった体型に。

効果

腹筋と背筋を含む体幹を鍛える
ヒップラインへの刺激
しなやかな太もも
内転筋の引き締め
二の腕のたるみ改善

お腹からスッと上に体重を抜いていくイメージで引き上げておく

お腹とお尻を自分の方に引き寄せる。

1

両足を揃え、踵を合わせて、つま先を開いて立つ。手は頭の上で真ん丸にする。

!

膝を曲げた時に上半身が前におじぎしないよう、まっすぐ垂直に下がるように意識します。自分が筒の中に入って上下しているイメージで。

膝とつま先は同じ角度（方向）に曲げる

2

手と上半身は保ったまま、膝を曲げる。膝を元に戻す。

内ももとお尻をしめながら

10~15回

3

膝を元に戻す。

column

痛みがあるときは？

エクササイズを行うときは、体型のタイプ別に、正しいフォームで行うのが大前提です。

もし身体のどこかに違和感や痛みを感じたら、ムリに続けず、いったんやめて、正しいフォームで行っているかどうか、再度チェックしてください。

フォームを修正することで、違和感が解消されれば、そのまま続けて問題ありません。

しかし、正しいフォームで行っているのに、違和感や痛みを感じるなら、身体を傷めてしまう可能性があるので、それ以上続けるのはやめましょう。

気になるときは、「身体が固いからしかたがない」「たぶん、筋肉痛だろう」などと安易に自己判断せず、パーソナルトレーナーなど専門家に相談するようにしましょう。

第4章
身体の内側から筋力をつける

減らすのは体重じゃなくて、「体脂肪」

「トレーニングしているのに、体重が全然減らない……」
「あと5キロは体重を落とさなきゃ」

そんな風にやたらと体重を気にする人がいますが、体重を目標値に落としたからといって、きれいになれるとは限りません。

体重だけ減っても、実は脂肪が減っているわけでなく、筋肉量が減っている可能性もあります。筋肉が減れば、基礎代謝も下がり、むしろ太りやすい体質に陥っていることになります。

プリエボディのエクササイズを実践している人の中には、トレーニングを始める前と後の写真を見比べると、ボディラインが全体的にしゅっと引き締まり、ウエストが10センチも細くなっているのに、体重はほとんど減っていない人がよくいます。

その理由は、トレーニングによって体脂肪が落ちて、筋肉量が増えたからです。筋肉があれば、基礎代謝が上がるので、日常生活の中で自然に脂肪を燃焼する太りにくい身体になり、引き締まったボディラインをキープできます。

体重の増減に一喜一憂する前に、筋肉をつけることが大前提なのです。

見せかけの筋肉ではなく、使える筋肉をつけよう

筋肉をつけるのが大切といっても、やみくもに筋トレをすれば、かえって身体全体のバランスが崩れて、姿勢の崩れをひどくしてしまったり、腰痛などのトラブルを引き起こしてしまう危険性があります。

そもそも、ひとことで筋肉といっても、大きく2種類に分けることができます。

1つは、体の表面に見える「アウターマッスル」です。

アウターマッスルは、身体の表面から触れられるところにある筋肉で、シックスパックの割れた腹筋や、ボディビルダーがムキムキポーズで逆三角形の上半身をアピールするときに見せる大胸筋や肩の三角筋、太ももの大腿四頭筋などが代表的です。

もう1つは、身体の深層にあるインナーマッスルです。

インナーマッスルは、姿勢を調節して身体のバランスを取ったり、関節の位置を正常に保ったりする働きがあります。

外からは見えないので、インナーマッスルが増えても、ムキムキにはなりません。

プリエボディが目指すのは、見た目のアウターマッスルを増やしてムキムキボディになることではなく、身体を支え、日常の動作を滑らかに動かしてくれるインナーマッスルをつけることです。

それによって、姿勢が整い、動作も滑らかになり、歩き方もきれいになります。

インナーマッスルを鍛えるには、体幹のトレーニングが効果的です。

ただし、体幹＝インナーマッスルではありません。体幹とは、文字通り体の幹となる肩から腰周りまでの胴体部分のことで、筋肉だけでなく、背骨や肋骨、肩甲骨なども体幹の一部です。

バレリーナは体幹の軸を意識しながらレッスンをするので、見た目はほっそりしていてもインナーマッスルが鍛えられており、動きがとても滑らかなのです。

重心移動で身体のバランス感覚を磨こう

インナーマッスルは外からは見えませんが、たとえば足を閉じて片足立ちをしてみるだけでも、インナーマッスルがあるかないかがよくわかります。

インナーマッスルがしっかりしている人は、足を閉じて片足立ちをすると、インナーマッスルの力でバランスを保つことができます。

しかし、インナーマッスルが少ない人は、片足立ちをするとすぐに身体がぐらついてバランスを崩してしまいます。

片足立ちをするなど、人は重心を移動するとき、身体が倒れないように自然とバランスを取ろうとしますが、インナーマッスルが少ないと、体幹を支えきれず、バランスが取れなくなってしまうのです。

プリエボディのトレーニングには、重心を移動しながらバランスを取る動きが多く含まれています。

プリエボディのエクササイズは裸足で行うことができるので、身体を支えるインナーマッスルを鍛えてバランス感覚を養うのに役立ちます。

筋肉痛にならないと効果がない？

「筋肉痛になったから、きっとトレーニングが効いているんだ！」

「筋肉痛にならなければ、トレーニングした意味がない」

よくそんな人がいますが、筋肉痛にばかり特にこだわる必要はありません。筋肉痛は、十分なトレーニングができているという1つの指標にはなりますが、必ずしも筋肉痛にならないと、筋肉が増えないわけではないからです。

普段からハードなトレーニングを続けているアスリートは、身体がある程度トレーニングに慣れているため、筋肉痛になるほどの負荷をかけることが逆に難しくなってきます。

しかし、筋肉痛にならないからといって、アスリートのトレーニングが無意味なわけではありません。

プリエボディのエクササイズにおいても、最初は筋肉痛があっても、毎日続けているうちに身体が慣れて、筋肉痛にならなくなるかもしれません。

でも、ちゃんと筋肉に負荷がかかっているので、トレーニングがムダになるわけではありません。

インナーマッスルを鍛えて
プリマドンナに近づく！

「自分は運動神経がよくないから、エクササイズに向いていないのでは？」

そんな心配をされる方がいますが、プリエボディのエクササイズは、運動が苦手な人でもまったく問題ありません。ハードな運動によって鍛えるのではなく、どの筋肉を使うかを意識することで、効果を高めていきます。

普段の動きの中でも、刺激したい筋肉を意識することで、筋肉が刺激されます。たとえば、身体をひねるときに、腹斜筋を意識できるようになると、普段のちょっとしたひねる動作のときにもそこに刺激がいき、普段の生活もトレーニングの一部になっていきます。

それによって、インナーマッスルが自然に鍛えられ、太りにくく、リバウンドしにくい体質をキープしながら、引き締まったボディラインになれるのです。

1カ月、3カ月、半年とプリエボディのエクササイズを続けていくことで、スッと軸の通ったしなやかで女性らしい身体、美しい姿勢、滑らかな動きが身に付き、憧れのプリマドンナの優雅さに近づくことができます。

nergy active studio
NIKE
nergy

The Tropic of

第5章

プリエボディを作るための5つの生活習慣

1 食事・栄養──野菜だけや糖質オフの食事制限ダイエットはNG

「ダイエット中だから、ランチはサラダだけ」
「炭水化物ダイエット中だから、白米もパスタも食べない」
「夏までに痩せたいから、1日1食だけでがんばる」

そんな風にカロリーを気にして、食事制限ダイエットをしている人がよくいます。

ダイエットというと、炭水化物を摂らない糖質制限ダイエットとか、食事を野菜ジュースや果物などに置き換えるダイエットなどが人気で、モデルやタレントさんなどが実践しているのを真似する人も少なくありません。

しかし、食事制限のみのダイエットは、肝心の体脂肪はあまり減らないのに、大切な筋肉を減らしてしまうことがあり、リバウンドの危険大です。

たとえば、炭水化物は人間の生命活動に不可欠な必須栄養素の1つですが、糖質制限ダイエットをすると、足りない糖エネルギーを補おうとしてタンパク質が消費されるため、筋肉量がどんどん減ってしまいます。

タンパク質ばかり摂るダイエット法もあるようですが、1回の摂取で吸収できるタンパク質には限りがあります。

筋肉量が減るということは、基礎代謝も減るということです。

基礎代謝が減ると、消費エネルギーも減るので、「痩せたからもうダイエットを終了しよう」と食事制限をやめたとたん、みるみるリバウンドしてしまいます。

食べたいものをがまんする過酷な食事制限ダイエットに必死で耐えても、筋肉量が落ちることで、結果的に以前よりも太りやすい身体になってしまうという悪循環に陥ってしまうのです。

ダイエットとは、一時的な自己満足ではなく、いい状態をずっと持続できなければ意味がありません。

ダイエットを成功させるには、運動によって筋肉量を増やし、その筋肉を動かして体脂肪を効率よく燃やすのがポイントです。

筋肉のある燃えやすい身体にしたうえで、過激な食事制限をするのではなく、全体の栄養バランスを保ったまま、過剰な脂質や糖分を控えるなど、習慣的に続けられる食生活を身に付ければ、リバウンドすることはありません。

栄養をサプリメントで補っている人もいますが、栄養は基本的に食事から摂るのが理想的です。

おすすめなのは、和食を中心にした食事です。

主食の白米に、汁物、魚、野菜、豆類、海藻、発酵食品などを摂ることで、動物性タンパク質、各種ビタミン、ベータカロテン、食物繊維、ポリフェノール、乳酸菌などの栄養をバランスよく摂取できます。

味が濃いと、塩分過多になり、水分を摂りすぎてしまうので、むくみの原因になります。素材の味がわかる調理法にすることで、薄味にしても美味しくいただけます。

もしおやつが欲しくなったら、ケーキやクッキーを食べるより、バナナなどの果物やふかし芋、ナッツなど、栄養補給ができるものにしましょう。

中途半端に高カロリーなお菓子をつまむくらいなら、おにぎりを間食に食べて、その分、食事量を減らすことで、摂取カロリーを調整する手もあります。

1回の食事で食べる量は、「腹八分目」を基本にしましょう。

腹八分目の食習慣を続けることで、「満腹になるまで食べたい」という脳の欲求に従うのではなく、身体に必要な分だけ欲するようになっていきます。

また、満腹になりすぎて集中力が散漫になってしまうこともなくなります。

2 デトックス——腸の筋肉を鍛えて便秘解消

日本人女性の2人に1人は便秘傾向といわれています。

便秘がちな人は、腸に食べかすが溜まって、悪玉菌が増えています。

便秘が長引けば、腸は排泄するはずの食べかすからも腐敗物質を吸収し続けます。

便秘で老廃物をデトックスできないと、代謝も血行も悪くなって、ダイエットによくないだけでなく、冷えや免疫力低下、肌トラブルにもつながります。

便秘を防ぐには、食物繊維や乳酸菌、水分をしっかり摂り、消化をよくするために、よく噛んで食べることが大切です。

快便には、インナーマッスルの1つ、腸腰筋（ちょうようきん：大腸と骨盤の間にある筋肉）の働きが重要です。この筋肉を鍛えることで、便秘の改善に役立ちます。

横隔膜も便通に作用します。横隔膜の上下運動によって、腸が圧迫されたり、弛緩されたりして、腸の活動が高まります。

呼吸トレーニングは、横隔膜の上下運動になるので便秘改善が期待できますし、腸を動かすという意味では、簡単なストレッチもおすすめです。

ストレスで自律神経が乱れると、腸の働きが悪くなるので、食後はひと息ついて、ぼーっとリラックスする時間を作るなど、副交感神経が優位になるようにしましょう。

3 入浴——半身浴で代謝アップ

バスタイムはシャワーで済ませる人が多いといいますが、湯船にしっかりと浸かって、身体の内側から温めて血行を促進することで、トレーニングの疲労回復や冷えの改善に役立ちます。

40℃以上の熱いお湯に肩まで浸かると、身体が興奮状態になってしまい、あまりリラックス効果が得られません。

また、熱いお湯に浸かると、一瞬身体が温まったように感じますが、実は身体の表面しか温めることができません。湯冷めするのも早いので、かえって冷えてしまいます。

就寝する1時間以上前に、38℃位のぬるま湯に30分ほど半身浴をすると、身体の芯まで温まり、代謝もアップし、心地よい眠りにつながります。

半身浴の後は、水分補給も忘れずに行ってください。

4 睡眠――筋肉の回復を促す快眠のポイント

睡眠中は、トレーニングで鍛えた筋肉の回復が促される大切な時間です。

質のよい睡眠をとることで、筋力を補強してトレーニングの効率をアップさせるだけでなく、肌の新陳代謝を促して美肌になることができます。

寝際までベッドでスマホをチェックしていると、就寝前に交感神経が活発になってしまい、質のいい眠りが得られません。スマホを寝際まで見るのは控えるようにしましょう。

寒い季節は、足先の冷えが不眠を招きます。寝る前は足首やつま先を冷やさないようにソックスやレッグウォーマーで保温するようにしましょう。

布団に入るときにソックスやレッグウォーマーを脱いで熱を逃してあげると、眠りやすくなります。

もし睡眠不足だと、それ自体がストレスになり、食欲の増大につながります。夜更かしをすると、妙に甘いお菓子や脂っこいものが食べたくなるのも、そのためです。

睡眠が足りていないと、日中に強い眠気が起こるので、それを抑えるために、お腹が空いていなくても、何かを食べて睡魔をまぎらわそうとするケースもあります。

仕事や育児で睡眠不足だと、必要以上に食べてしまうことがあるので、毎日、質のいい眠りを十分にとるように心がけましょう。

5 歩く・立つ・座る——日常の動作でインナーマッスルを鍛える

プリエボディでは、歩く、立つ、座るという日常の動作の中で、体幹を鍛え、お腹を引き締めるトレーニングができます。

体幹を使って姿勢よく歩くと、身体の中心の軸が安定し、お腹や背中、足などの筋肉が引き締まります。

また、立ち上がるときは、上半身が股関節に乗るのをイメージし、座った位置から股関節をしっかりと曲げていき、左右の股関節の位置に両手の指を斜めに置いたまま立ち上がります。

! 立ち上がるとき、座るときにイスに手をつかないように。

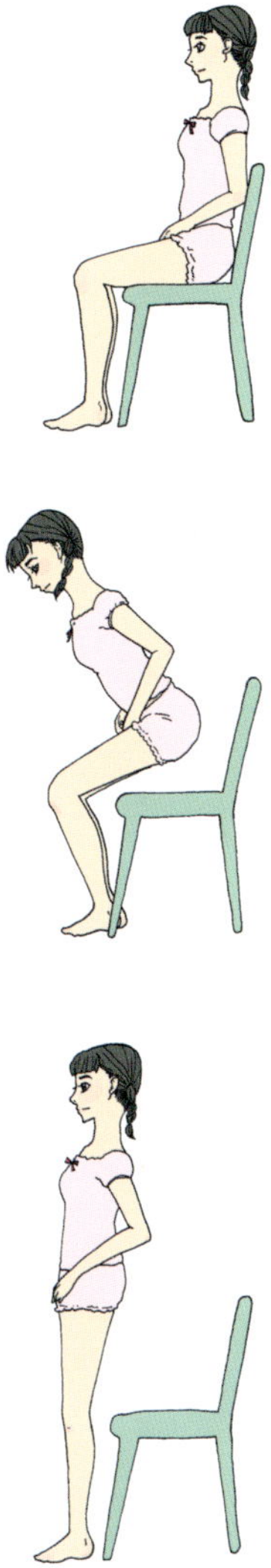

手が置いてある股関節に意識を集中させながら、上半身が股関節に左右均等に乗っているところをイメージします。

座るときも、股関節に手を置いたまま、坐骨の方に体重が移っていくのを感じながら、再び座ったときに骨盤がニュートラルな位置にあることを確認します。

こうした日常動作にプリエボディの動きを取り入れることで、インナーマッスルを自然にトレーニングできます。

column

深呼吸による瞑想習慣でストレス解消

ストレスがかかると、人は呼吸が浅くなり、基礎代謝が下がります。

また、ストレスによって、食欲が増して暴飲暴食をしたり、リラックスできず睡眠の質が低下したりします。

そうしたストレスを解消するのにおすすめなのが、深い呼吸による瞑想です。

毎朝、深呼吸を３回する習慣をつけると、心身が落ち着き、不安が解消されます。

また、夜寝る前には、「４７８呼吸」がおすすめです。４７８呼吸とは、アメリカで健康医学研究者のアンドルー・ワイル博士が提唱した呼吸法です。

まず４秒かけて鼻から深く息を吸い、７秒間呼吸を止め、８秒かけて口からゆっくり息をはきます。

これによって自律神経のバランスが整ってリラックスし、脳が瞑想状態になってストレスを解放できます。呼吸が深くなることで、代謝もアップします。

第6章

ワンランク上の背中とお腹を作る
プリエボディ応用エクササイズ

〜背中のエクササイズを始める前に〜

年齢は背中に出る

正面ばかり気にして、後ろ姿に無頓着な人がよくいますが、後ろ姿は自分で思っている以上に目につきます。

背中が丸いだけで、実際の年齢よりもぐっと老けて見えます。

俳優さんが老人の役を演じるときは、わざと背中を丸くします。そうすると、いかにも老人らしいシルエットになるので、遠目にも「あの人は老人の役なんだな」とわかるからです。

背中の筋肉の中でも、加齢とともに衰えが出やすいのは、「脊柱起立筋（せきちゅうきりつきん）」です。

脊柱起立筋は、重力に逆らって身体を支えたり、姿勢を維持するために必要な「抗重力筋」の1つです。

この筋肉が衰えて重力に抵抗することができなくなってくると、どんどん背中が丸くなってしまうので、意識して鍛える必要があります。

といっても、日常の動作では、デスクワークや家事、育児など、身体の前で行う作業が圧倒的に多いので、どうしても胸回りの筋肉ばかり使って、背中側の筋肉はあまり使うことがありません。

身体の前で行う作業ばかりしていると、胸郭周りの筋肉が固くなり、背中側の使わない筋肉が衰えて、どうしても猫背になりがちです。

猫背になると、横隔膜がうまく使えなくなるので、呼吸が浅くなり、代謝が悪くなって太りやすくなるという悪循環に陥ります

自分の背中を見ることはあまりないため、なかなか変化に気付きにくいかもしれませんが、背中は「背面の表情」ともいえる大切な部分です。

「後姿にがっかり」

と思われてしまっては、どんなにきれいにお洒落をしていても台なしです。

「後姿がすてきで、思わず振り返って見てしまった」

そんな風に思われるような〝背中美人〟の女性を目指しましょう。

バレリーナは背中で語る

「バレリーナは背中で語る」とよくいわれます。

名立たるプリマドンナは、惚れ惚れするほど絵になる背中をしています。

バレリーナは、肩甲骨がしっかりと中心に寄っており、背中がきれいに引き締まっています。

お腹も身体の内側に向かってぐっと引き締まっています。

肩は滑らかに下がり、首は上に向かってスッと長く伸びていきます。

内と外、下と上、その力のバランスによって、バレリーナのしなやかで躍動的な美しい背中が作られるのです。

バレリーナは、背中を丸めたり、思いっきり反ったり、柔軟に捻じったりしますが、そうしたバレエ特有の動きは背中が柔らかくないとできません。

特に背中と股関節の可動域がポイントになります。腰を安定させ、背部で可動域を出すのが、理想的なバレエの動作といわれています。

バレリーナは一見、ほっそりと華奢に見えますが、インナーマッスルを使い、身体をコントロールしながら、大きな可動域を使ってバレエの複雑な動きを表現しています。

プリエボディ応用エクササイズで鍛える筋肉も、バレエの動作で使う筋肉と同じです。

次にご紹介する、美しい背中を作るための4つのトレーニングは、3タイプ共通の応用エクササイズです。

基礎エクササイズに慣れてきたら、応用エクササイズに進んで、さらにワンランク上のボディを目指しましょう。

基礎と応用のエクササイズを続けることで、背中はもちろん、お尻や太もも、ふくらはぎまで、バレリーナのようにほっそりとしなやかに引き締まります。

背中
エクササイズ
1

身体に軸を定着させて背中美人になる

ビューティーバックエクササイズ

身体の軸を定着させ、ブレない体幹力がつきます。重心がブレないように手を後ろに動かすことで背中の引き締めに！

効果
身体の軸ができる
体幹の筋力アップ
インナーマッスルが鍛えられる
背中の引き締め

肘を真横にすると
二の腕の引き締め
効果 UP!!
膝とつま先は
同じ方向に
一直線上

1

片足を前に踏み出し、両方のつま先と膝は外に開いておく。前足の膝を曲げる。両手は胸の前で円を作る。

背中

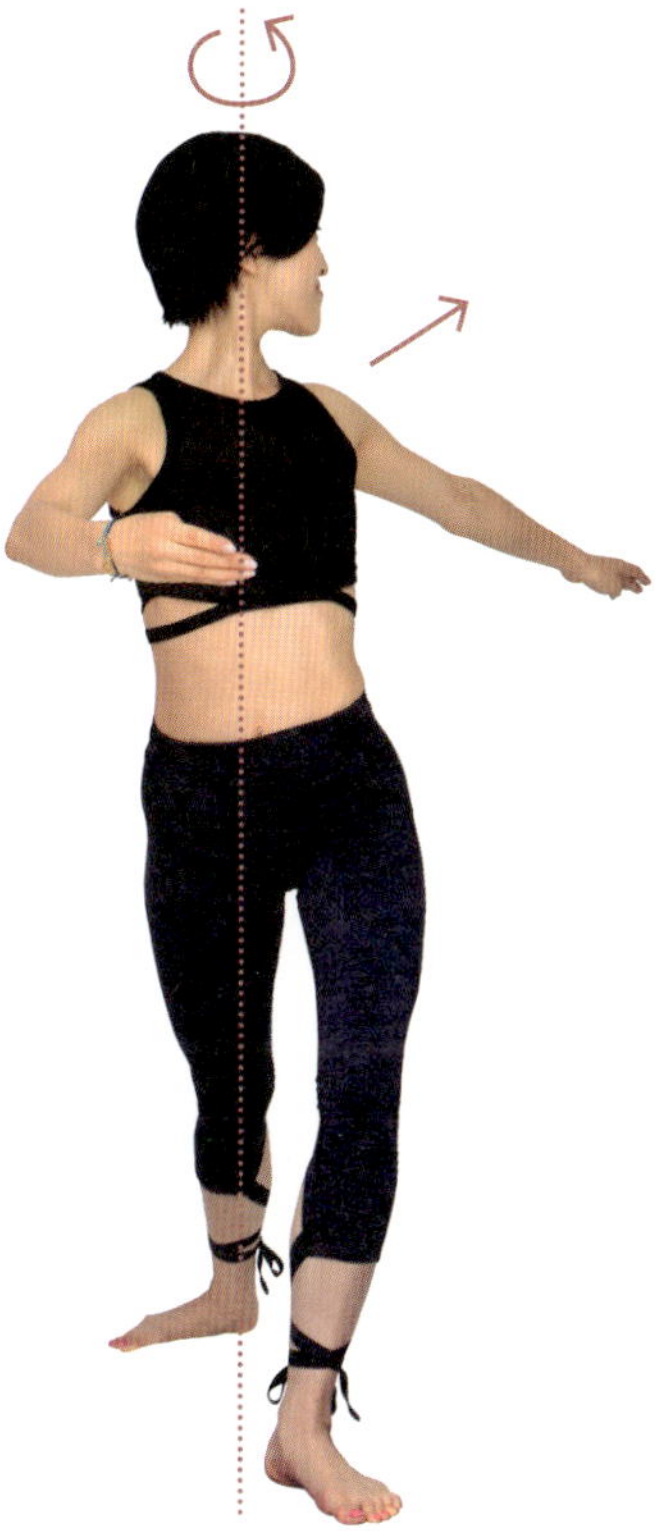
自分が串ざしの状態
で回転するイメージ

2

前足と同じ側の手をうしろへ伸ばす。目線は指先の方へ。

！ 重心が左右にブレないように、手と頭だけ動かすイメージで。

左右10回ずつ

3

顔と手を元に戻す。

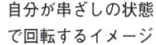

背中
エクササイズ
2

頭から足まで一直線に伸びるロングストレッチ

ヒールアップ

呼吸を意識してまっすぐに伸びる背伸び体操。キュッと引き締まったくびれ足首を作ります。

お腹からスッと頭のてっぺんへ
体重を抜いていくように
お腹とお尻を
自分の方に引
き寄せる

1

両足を揃え、つま先を開いて立つ。手は頭の上で真ん丸に置く。

効果

キュッと
引き締まった
くびれ足首を作る

背中

15回

この延長線上で背伸びをする

小指側に体重がかからないように。

2

お腹を上に引き上げながら背伸びをする。重心は足の親指のつけ根を意識する。

手の位置はこのままで

頭から足までが一直線のまま行います。自分が筒に入った状態で上下しているのをイメージして。

踵をくっつけるようにして床に下ろす

3

お腹の引き上げはそのまま、ゆっくりと踵を合わせるようにして床に下ろす。

背中
エクササイズ
3

二の腕のたるみ改善で背中スッキリ

ニーアップ

身体の柔軟性を高めるバレエメソッド。二の腕のたるみを改善して綺麗な背中を作ります。また、下半身にある大きな筋肉を刺激して太もものシェイプアップに！　バランス力もアップ。

効果

背中の引き締め
太もものシェイプアップ
二の腕のたるみ改善
体幹の筋力アップ
バランス力アップ

1

両足を揃え、つま先を開いて立つ、手は胸の前で真ん丸に置く。

お腹と上半身は引き上げたまま

同じ方向

2

両膝を同時に曲げ、膝はつま先と同じ方向に。膝が前（内側）に来ないようにする。

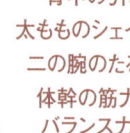

背中

3

片膝を伸ばすと同時に反対の足のつま先を立っている足の膝につける。手の形を保ったまま頭の上へ。②と③を繰り返し行う。

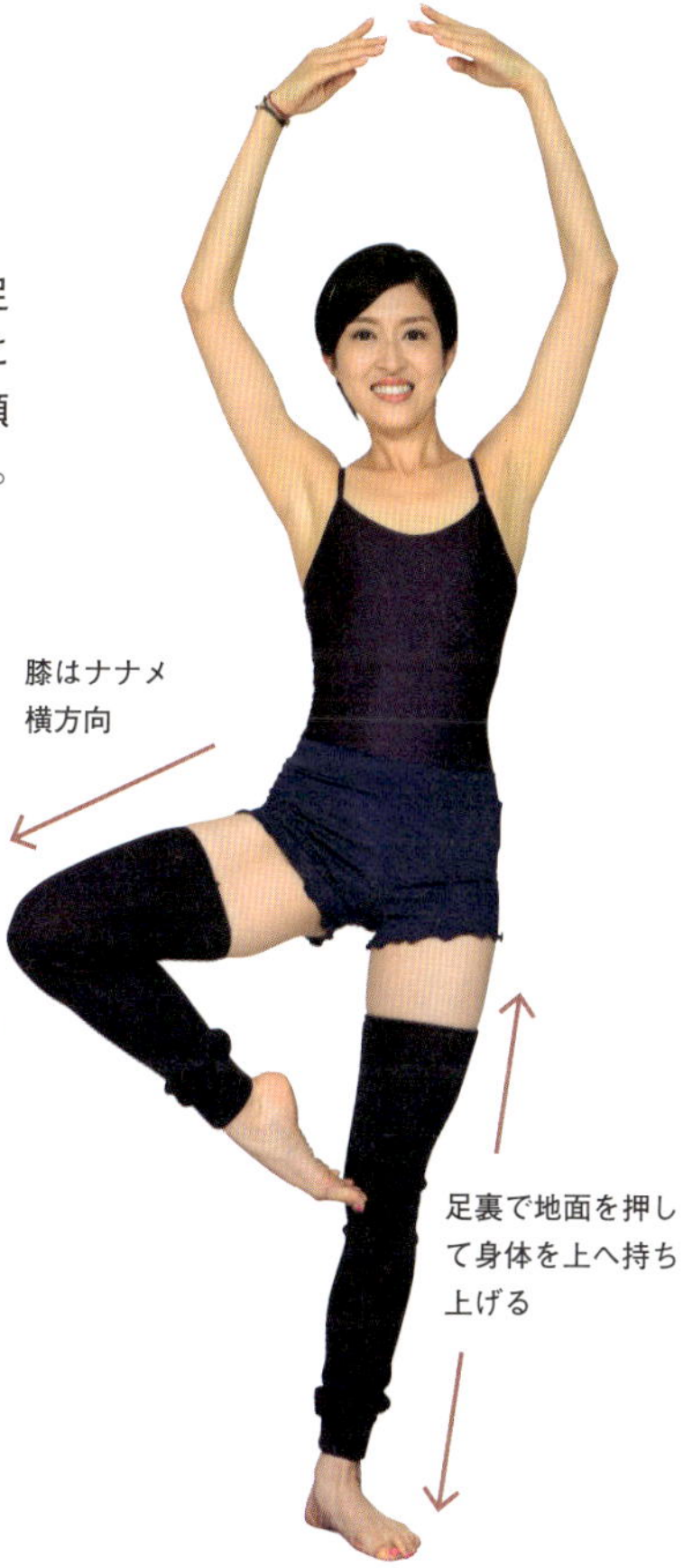
膝はナナメ
横方向
足裏で地面を押して身体を上へ持ち上げる

10回

インナーマッスルを鍛えて脂肪燃焼体質になる

ダイナミックエクササイズ

ブレない軸を作り体幹をコントロールします。身体の軸を引き上げて背筋を鍛え、きれいな背中を作ります。大きな筋肉を動かすことで脂肪を燃焼する体質になります。

1

両足を揃え、つま先を開いて立つ、手は下に下ろした状態のまま（身体の前で）丸を描くようにする。

効果

脂肪を燃焼する体作り
体幹コントロール
身体の軸の引き上げ
きれいな背中ライン

背中

両手は身体の横にすることで背中に刺激を!!
身体はナナメ上にぐっと伸ばす
左右10回ずつ

2

片足を大きく横に踏み込みながら(膝は開く)、その方向に身体を倒し、片足に重心を乗せる。このとき、身体の上のラインは一直線に、下になっている手は太ももに置いて身体を支える。

3

重心を乗せている足で床を蹴って、もう片足に重心を移す。このとき蹴った足はつま先を軸足の膝につける。(膝は外に向けるようにして)。両手は横に。
②と③を繰り返す。

!
片足で止まりにくい時はお腹にぐっと力を入れると止まりやすくなります。

～お腹のエクササイズを始める前に～
お腹・脇腹・下腹をチェック！

「とにかくお腹を引き締めたいから腹筋を毎日しています」
「下腹ポッコリをなんとかしたい！」

プリエボディの参加者の中にも、そんなお悩みの女性が大勢います。猫背タイプも、反り腰タイプも、骨盤ゆがみタイプも、姿勢のゆがみから下腹ポッコリになっている人が圧倒的に多いです。

お腹を引っ込めたいからといって、腹筋ばかりしていても、かえって腰を傷めてしまう可能性もありますし、腹筋だけでお腹を引き締めることはできません。

まずは、自分の下腹やわき腹を、人差し指と親指の先でつまんでみてください。指でつまんだとき、脂肪がつきすぎていたり、皮ふをつまめても脂肪が動かな

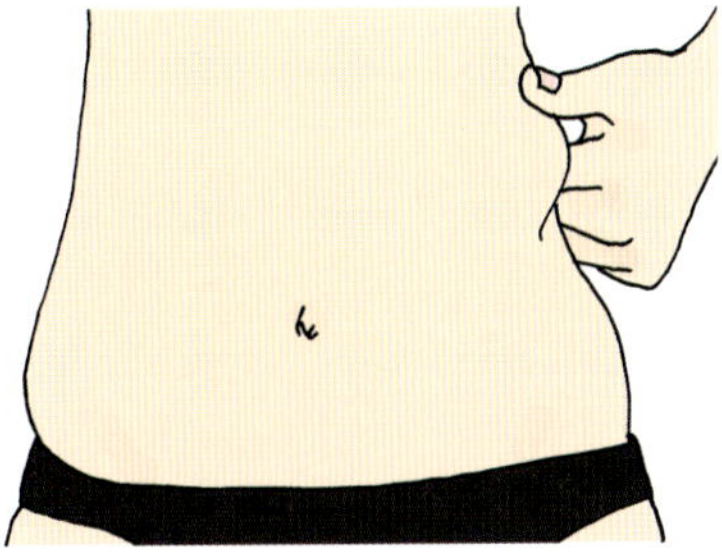

い場合は、脂肪が固くなっている証拠です。

お腹の肉がスカートやパンツのウエストにぽってり乗っかってしまうようなら、脂肪の層がかなり厚くなっているといえます。

細身なのに、下腹だけポッコリだったりすると、横から見たときのボディラインが美しくありません。

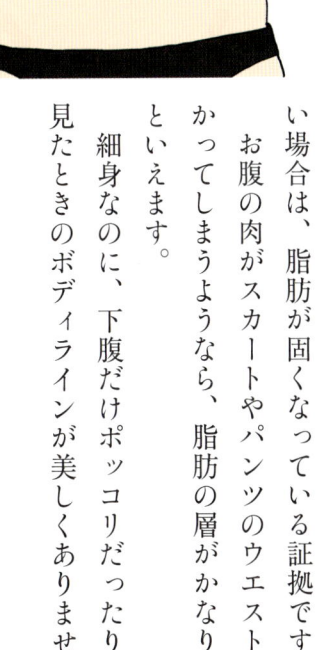

きれいな腹筋の定義とは？

最近は、腹筋が8つに割れたシックスパックをアピールするCMや、タレントさんの引き締まった腹筋を賞賛する記事などが多く、腹筋を意識している方も多いようです。

では、どんな腹筋がきれいだと思いますか？

男性なら腹筋が割れているとたくましい印象になるかもしれませんが、女性がそこまで割れていると、ちょっとやりすぎな印象になってしまいます。

プリエボディで目指すきれいな腹筋とは、ウエストのくびれの高さが同じで、左右バランスよくあり、縦に２本のラインがうっすらと見えるお腹です。

「見せ筋」といわれるアウターマッスルを必要以上に鍛えてムキムキのボディになるのではなく、お腹の深部にあって見えないけれど、お腹をきれいに引き締めてくれるインナーマッスルを鍛えることで、女性らしさのある引き締まったお腹になれます。

姿勢がよく、お腹周りの引き締まったボディは、立っているだけでも絵になりますし、ボディラインの見えるドレスなどを着ると、美しさが一段と際立つので、おしゃれの楽しみも増えます。

お腹の「引き締め方」をマスターしよう

多くの女性の悩みである、お腹のたるみやでっぱり、お尻のたるみを改善するためには2つのポイントがあります。

それは、「骨盤の傾き」と「筋肉（特にインナーマッスル）」の2つです。

インナーマッスルは身体をまっすぐに支えたり、重力で下に落ちてくる内臓を正しい位置に保つ重要な働きがあります。

コルセットと同じようにお腹を一周ぐるりと取り囲む「腹横筋」というインナーマッスルを鍛えることでお腹は引き締まってきます。

「腹横筋」を天然のコルセットにして内臓の位置を正しい位置に収めてホールドすれば、身体の軸も安定し、姿勢も整って美しく見えます。

次は、お腹のインナーマッスルやウエストを引き締め、脂肪燃焼させる、プリエボディ応用エクササイズをご紹介します。

お腹も同様に基礎エクササイズをマスターしたら、自分の引き締めたい部分を意識しながら応用エクササイズを実践してみましょう。

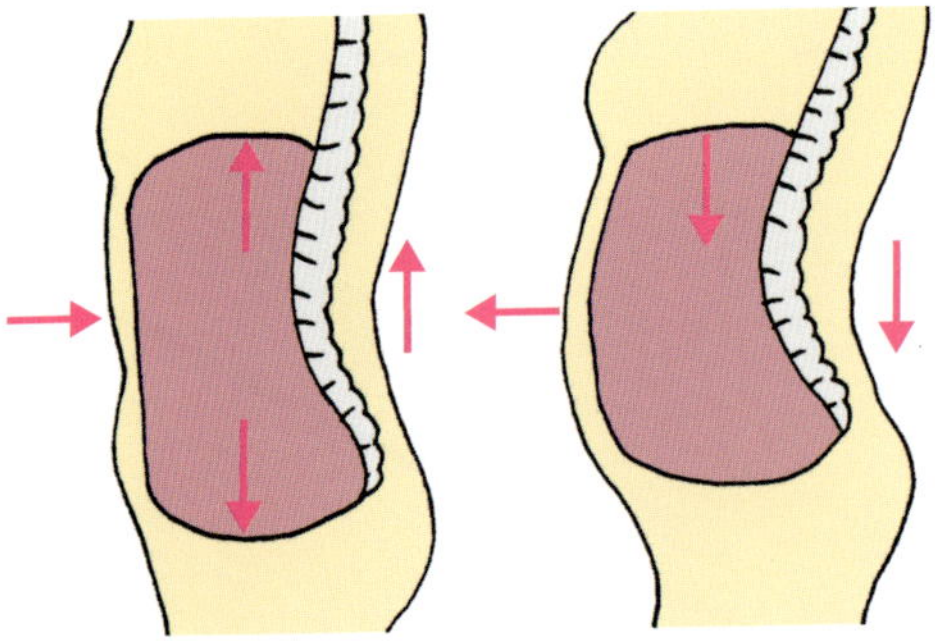

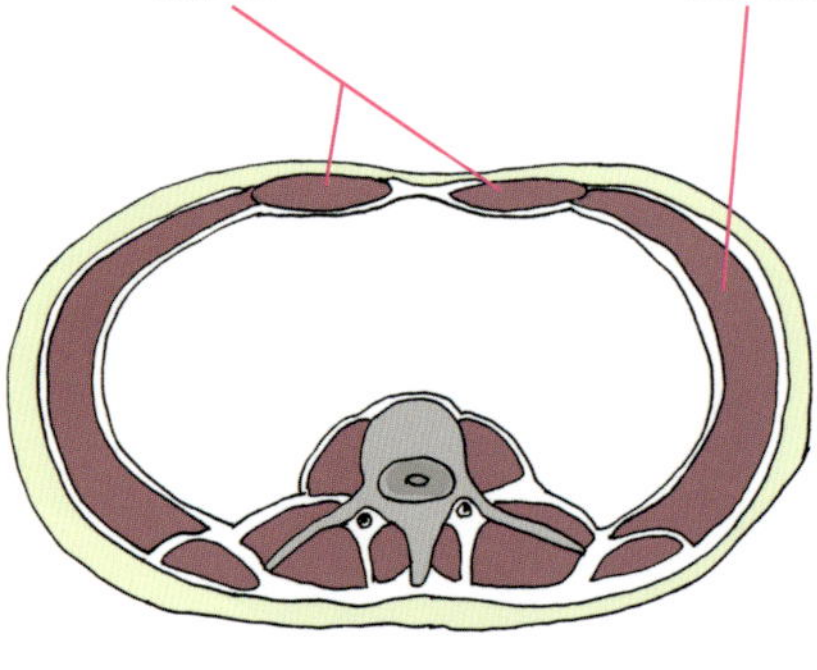

腹部断面

実際にプリエボディを実践している方のデータを見ても、最も顕著なのが、お腹やウエストのサイズダウンです。続けることで、ウエストがきゅっとくびれて、下腹のスッキリした理想の美ボディに変身できます。

お腹
エクササイズ

1

腹筋を意識してきれいなお腹を作る

スワンフェザー

おへそを軽く凹ませて、お腹に力を入れたまま背中をひねる。おへそを正面に向けたまま、背中をひねり、脇腹をしっかり刺激することで引き締まったお腹に!

効果
下腹部の
引き締め

1

体操座りで背筋を伸ばし、少し上半身を後ろへ倒す。

!

腰が反らないように。

お腹

2

①の体勢のまま、両腕を床と平行な位置に上げる。

左右10回ずつ

目線は指先

おへそは正面に向けたまま胸椎から捻じる

3

口から息をはきながら片手ずつ後ろへ伸ばし、鼻から息を吸いながら②に戻す。その際背中が丸まってこないようにする。

お腹
エクササイズ
2

硬くなった筋肉をほぐして可動域を広げる

スカイビューストレッチ

ストレッチ効果で凝り固まった筋肉を柔軟に。身体がほぐれることで脂肪燃焼効果が高まります。

1

足幅を広く横に開いて立つ。両手は真横に伸ばす。

効果

ストレッチ効果で
可動域が広がる
脇腹の引き締め

お腹

！
脇腹に力を入れ意識しながら、実際に縮めることでウエストの引き締めになります。

2

手を右に倒しながら、縮めている側のお腹に力を入れる。身体の軸はまっすぐに保つ。

10回ずつ

3

①に戻り、反対側も同様に行う。

お腹エクササイズ 3

たるみを引き締めてお腹周りスッキリ！

プティアップ

足の力で上げるのではなく、お腹と内ももを意識しながら行うと引き締まります。ブレない体幹とバランス力が高まります。足細効果も！

効果

バランス力アップ
インナーマッスル強化
脂肪燃焼する身体作り
お腹の引き上げ
内ももの引き締め

お腹とお尻は自分の方へ引き寄せておく

1

つま先を外にして両足で立ち、両手は頭の上で丸の形を作る。

お腹

！

上げている足の膝の向きが少し外になるようにして、お腹と内ももの力で足を持ち上げるように意識する。骨盤がブレないように行います。

お腹の力は
抜かないで

2

片足を足の甲を伸ばし、つま先から前に出す。

内ももとお腹
を使って足を
上げる

20~30回

3

前に出した足を上（空中）に上げたり床に下ろしたりを繰り返す。

お腹
エクササイズ

4

しなやかにお腹を引き上げる！

スライド体操

片足立ちのエクササイズはバランス力が高まり、インナーマッスルが鍛えられます。ブレない体幹とくびれのあるウエストを作ります。

効果

バランス力アップ
インナーマッスル強化
ウエストのくびれ

1

片足で立ち、もう一方の足はつま先を膝につける。

お腹

2

曲げている膝を内側へ向ける。

！ お腹に力を入れながらウエストをひねるようなイメージで

10~15回

3

外側へ戻す。

第7章

私たち、身体も心も
変わりました！

トキメキ人生を叶えたレッスン生の声

プリエボディのレッスンを受けている女性の生の声をご紹介します。

「ハワイ旅行で念願の水着姿に！　夫婦仲も改善して2人目を妊娠」

●38歳・主婦・2児の母

私はとにかく先生の身体みたいになりたいという目標と、ハワイ旅行で水着を着るという2つの目標を目指してがんばりました。

何をやってもいつもリバウンドをしてしまう私ですが、プリエボディをやれば先生のようになるのではないかと思い、短期間だったら集中できると思ってがんばってみました。

とにかくプリエボディをすると汗の量がすごくて、短時間でカロリーを消費できました。続けていくと、確実に代謝がよくなっていることを感じます。

バレエの動きの部分は、女性らしいしなやかな仕草でもあり、自分が忘れかけていたものを思い出させてくれるような気がします。

日ごろは猫背のせいか、背中にとても肉がついてしまうのですが、姿勢がよくなることによって、自然と背中の肉が落ちたように思います。

やっぱり女性は痩せていた方が、自分自身も軽やかになるし、家族にも笑顔でいられます。自分に自信が持てると、人と比べることもなくなり、お洋服を着るのも楽しくなって、いいことずくめです。ムリなく痩せられて、リバウンドもしていません。

ハワイでは、着ようと思っていた水着も着られて、大満足な旅行になりました！

プリエボディできれいになったことで、女性であることを意識し直すことができ、そんな私を主人も見直してくれたようです。なんと、このハワイ旅行で2人目を妊娠することになりました。やはり「女」として見てもらえることは、とって大切なことなのだなあと実感しました。

これからも、プリエボディで「きれいなママ、きれいな妻」をキープしていきます!!

「プリエボディを始めて、第9回ミセス日本グランプリを受賞しました！」

●33歳・医師・1児の母　山崎明子さん

私はもともとバレエを幼少期にしていて、しばらく離れていました。友達の誘いでなんとなくプリエボディを始めたのですが、私にぴったりのエクササイズでした。

産後に引き締めたかった腹筋とヒップラインを引き締めつつ、バレエの要素で女性らしいラインを意識した動きで、たくさん汗をかきました。

プリエボディを始めるようになって1番変わったのは、「健康」と「美」の意識です。

それまで運動することと、美容に関することは、なんとなく自分の中で別にしていましたが、それが1つになった気がします。

第9回ミセス日本グランプリの30代グランプリになれたのは、プリエボディを通して「健康的な美」を意識し、今まで自分の中にあった、女性として身も心も美しくありたいという思いに磨きをかけることができたからではないかと思います。

今も、子どもが寝た後、時間があれば自宅でできるプリエボディのトレーニングを行っています。これからもライフワークの1つとして続けていきたいと考えています。

「最初はできなかった動きが軽々とできるように！」

●38歳・主婦・3児の母

プリエボディを初めて体験したときの記憶は、運動不足なのもあったけれど、汗の吹き出し方がすごかったことをよく覚えています

後から来る筋肉痛も、今まで痛くなったことがないところが痛くなり、効果を実感しました。

最初のころはできなかった動きを身体が軽々とできるようになってくると、レッスン時間があっという間に感じられて、だんだん楽しくなってきました。

プリエボディのおかげで、汗をかくことが快感になり、筋肉痛もうれしいと思えるようになったのも大きな変化です！

「女であり続けていい——育児で忘れていた大切なことに気付きました！」

●32歳・医師・2児の母

1人目出産後は、授乳と共に、するすると減っていた体重も、2人目妊娠期は激太りして出産までに18kgも増えてしまいました。

「1人目もすぐに減ったし、大丈夫だろう」と思っていたら、全然減らず、元の体重のプラス14kgになってしまいました。

子どもはかわいいけど、先が読めない育児期のイライラが募り、仕事から疲れて帰ってくる夫に「お疲れ様」のひとことをかけるどころか当たっていました。

そんなときに出会ったのがプリエボディのプログラムでした。

産後で身体の筋肉も衰えていたため、はじめはバランスもうまく取れなかったけれど、レッスンを重ねていくうちに、だんだんできるようになっていくのが楽しく、滝のように流れる汗もなんとも心地よく感じました。

固太り体質だったけれど、すごく柔らかくなり、こんな触り心地のよい身体になったのは、成人してから初めてです。

トレーニングを始めて1カ月もすると、周りから「ウエストがくびれたね」「顔周りやお尻周りが小さくなったね」などといわれてうれしかったです。

育児中はラクチンな服ばかり着ていましたが、すっかり忘れていたおしゃれの楽しみも思い出しました。身体が引き締まってきてから行くショッピングはとても楽しく、どの服も似合うので逆に困るほどです（笑）。

「育児でどうせ汚れるし、どうせもう恋なんてしないし、どうせ誰も私のことなんか見ていないし……」

いつの間にかそんなママになっていた私。

でも、プリエボディと出会って、「女であり続けてもいい、自分をケアする時間を使ってもいい」ということに気付くことができました。

「日々ヘトヘトの生活が一変！疲れにくくなって、肩こりや腰痛も改善」

●38歳・病院事務・2児の母

以前は、毎晩クタクタになるまで働き、帰宅後も子どもが寝た後に持ち帰った仕事をして、翌日は子どもを送り出すために誰よりも早く起きる……という生活で、常に身体が疲れていました。

「自分の身体も生活も見直したい！」と一念発起し、人に任せられる仕事は思い切って任せて自分のための時間を作り、念願のプリエボディ・エクササイズを始めました。

毎日エクササイズを続けるうちに、身体のラインが目に見えて変わってきました。

「痩せた？」夫や母にそう聞かれるとうれしくて、「もっときれいになりたい！」とわくわくしながらエクササイズを続けることができました。

気が付くと、姿勢がよくなったせいか、以前は寝込むほどひどかった肩こりや腰痛がなくなっていました。

エクササイズによって体力もついたようで、疲れにくくなりました。

以前は夜遅くに仕事をしていて眠気を感じると、うたた寝しそうになっていましたが、最近は仕事の合間にエクササイズの筋トレをしたりすることも。

ぜい肉が落ちて身軽になったおかげで、フットワークも軽くなり、生活が前よりぐっと楽になりました。これからもプリエボディ・エクササイズを続けて、今の体型と生活スタイルをキープしていきたいと思います！

「身体の不調は心の不調につながる――エクササイズで身も心も快調に！」

●36歳・主婦・2児の母

プリエボディ・エクササイズを始める前は、2人の育児と家事による肩こりで、熟睡できず、朝起きるのも苦痛で、日中も疲れが残り、常にスッキリしませんでした。

「やりたいことは山ほどあるのに、身体がついていかず、効率よくテキパキとこなすことができない……」

そんなストレスから、いつもイライラ。子どもたちや夫にも優しい気持ちになれず、そのことがさらにストレスになっていました。

気分を上げるために「オシャレをして出かけよう」と思っても、自分が着たい服はどれもサイズが小さくて似合わず、オシャレも全然楽しめなくなっていました。

第二子出産後、思い切ってプリエボディ・エクササイズを始めてみました。

最初のころは、どっと疲れてだるい感じがしましたが、1カ月もするうちに、だんだんと体力や筋力がついてきて、「疲れているけど、動ける身体」に変わっていくのがわかりました。

目標は「20代の時の体重に戻す！」だったので、最初は定期的に体重を測って、体重ばかり気にしていました。

でも、エクササイズを続けるうちに、体重など測らなくてもいいほど、自分のボディラインがどんどん引き締まっていくのを実感できました。

3カ月間エクササイズを続けた結果、落ちた体重は3キロほどでしたが、第一子出産後に3年かけてなんとか戻すことができた自分の理想体重に、わずか3カ月のエクササイズによって戻せたのには驚きました。

体重減少よりもうれしかったのは、出産前より明らかにきれいなボディラインに変わったことです。

体調にもうれしい変化が現れました。妊娠前は、全身のひどいむくみを解消しようと、オイルマッサージにせっせと通っていましたが、エクササイズ後は、パンパンにむくんでいた手足がスッキリ！

肩甲骨の可動域も広くなって、悩みの種だった肩こりもなくなりました。

本来あるべき位置に肩が戻って、姿勢がよくなったことで、鎖骨や顔の輪郭までクッキリ出るようになり、首もスッと伸びて、念願の小顔に！

サイズが合わずに似合わなかった洋服もきれいに着られるようになって、またオシャレを楽しもうという前向きな気持ちに変わりました。

自分の身体を自分でコントロールできるようになったおかげで、自分の身体と真摯に向き合えるようになりました。

「身体の不調は、心の不調につながる」――今はそのことがよくわかります。思い切ってプリエボディ・エクササイズを始めて、本当によかったと思います。

何歳になっても人生が輝く「恋するプリエボディ」の魔法

レッスン生を見ていると、身体が変わると同時に、気持ちや行動が変わっていくのがよくわかります。

「あのころの体型に戻りたいです」
「昔はこんなじゃなかったんです」

最初はそういって恥ずかしそうに教室に入ってきた女性たちも、身体が変わっていくにつれて、少しずつ、ファッションやメイクが変わり、選ぶウエアも変わってきます。

「どうせ、私なんてそんなに素敵に着こなせないし……」とあきらめていた人も、「あれ、私、結構イケるかも！」と、自分の変化に気付き、おしゃれを楽しむ余裕が出てきます。美しいボディラインにおしゃれの要素が加わり、どんどん磨きがかかってきます。

「メイクをもっと勉強してきれいになりたい」

「以前では考えられなかったけど、大胆なビキニも着られるようになりました！」

レッスン生の多くは、身体が変わって、自信がつくと、そんな風に次々と自分の殻を破って変わっていきます。自分の身体や自分自身が好きになることで、気持ちも行動も変わっていくのだと思います。

女性の身体が変わると、恋愛や結婚のチャンスも高まり、夫婦仲もよくなります。

レッスン生の中には、美しくなって新しい彼に出会えた女性や、セックスレスに悩んでいた奥さまが一念発起してトレーニングに燃え、夫婦関係が復活したケースもあります。

運動をすることで身体が温まり、基礎体温が上がって妊娠しやすくなるという説もあるそうですが、不妊に悩んでいた女性が、レッスンを始めて数カ月で妊娠したというケースも少なくありません。

そんな生き生きしている女性を見ていると、「恋するプリエボディ」と名付けたくなるほどです。

何歳になってもキラキラ輝き、やりたいことにチャレンジしていく女性の背中を押していきたいと思っています。

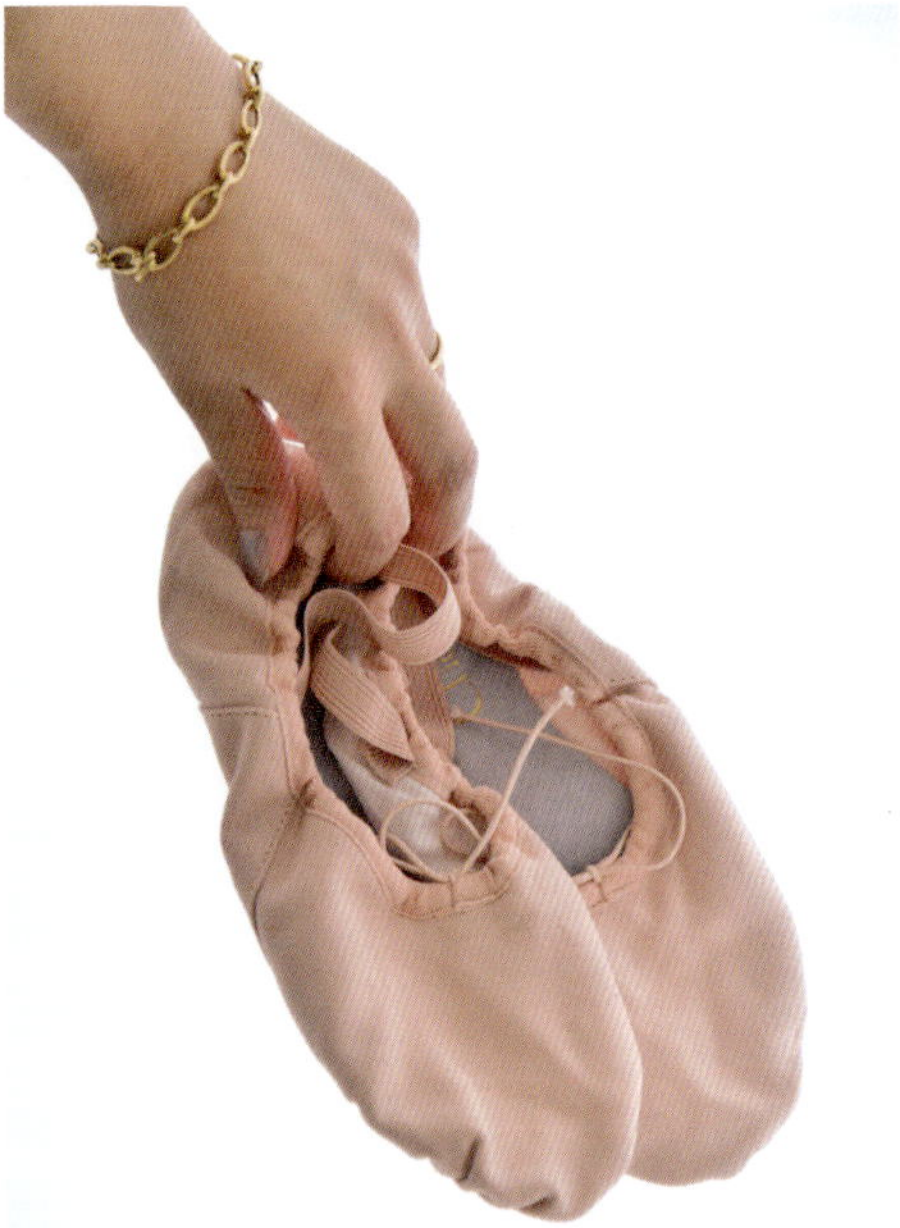

城山 珂奈見（しろやま かなみ）

Kanami Shiroyama

1984年、愛知県名古屋市生まれ。慶応大学卒業。3歳からクラシックバレエを始め、「テアトル・ド・バレエカンパニー」ジュニアバレエ団に所属。「工藤ロイヤルクラシックバレエ」所属時代に『白鳥の湖』の「ブラックスワン」役を演じる。学生時代にチアリーディングサークルに所属し、2005年に「USA Nationals」一般チアリーディング部門で3位入賞。3児を出産後、ヨガ、JCDAチアダンスインストラクター、バレトン・ソールシンセシス・マスタートレーナーなどの資格を取得。バレエの動きを元に、オリジナルのエクササイズ「プリエボディ」を開発。初心者でも楽しみながら、身体をきれいに整えられるメソッドとして人気。のべ2000人にレッスンを行う。2013年よりボディメイクスクール『Studio Vivant』を運営。2015年に「ミセス日本グランプリ」30代の部でグランプリ受賞。2016年スクール生より「ミセス日本グランプリ」30代の部グランプリを輩出。2017年11月に東京広尾にスタジオ「Plié body fitness hiroo」をオープン。Plié body協会代表理事。

伊藤 彰浩（いとう あきひろ）

Akihiro Ito

1987年、福岡県北九州市生まれ。久留米大学、北九州リハビリテーション学院卒業。埼玉県や東京都内のスポーツ整形外科で、スポーツ選手をはじめ、子どもから高齢者まで幅広い年代に向けたリハビリテーションを行う。現在は理学療法士として活動する傍ら、スポーツ選手やモデルなどのパーソナルトレーニングやボディメイクを指導。

日本体育協会公認アスレティックトレーナー、理学療法士。株式会社Tokyo18　Plié body fitness hiroo ストアマネージャー／チーフトレーナー。学校法人 健康科学学園 東京健康科学専門学校非常勤講師。

ブックデザイン	bitter design
撮影	寺内康彦・鷲津敬之（株式会社ダブル・エディション）
ヘアメイク	榎本愛子
企画・編集協力	町山和代
企画	株式会社天才工場
編集協力	轡田早月
イラスト	小西遼子
プリエボディ運動評価	蛭間栄介（帝京大学医療技術学部教授）
DTP	有限会社タダ工房

姿勢を直すだけで全身が「上がる」
プリエボディエクササイズ

2017年11月21日初版第1刷発行

著者	城山珂奈見
監修	伊藤彰浩
発行人	松本卓也
発行所	株式会社ユサブル 〒103-0014 東京都中央区日本橋蛎殻町2-13-5 美濃友ビル3F 電話 03-3527-3669 ユサブルホームページ　http://yusabul.com/
印刷所	株式会社シナノパブリッシングプレス

IISBN978-4-909249-04-3
定価はカバーに表示してあります。

乱丁、落丁の場合はお手数ですが小社までお問い合わせください。